CORRIDA
Teoria e Prática do Treinamento

Dados Internacionais de Catalogação na Publicação (CIP)
(Câmara Brasileira do Livro, SP, Brasil)

Machado, Alexandre Fernandes
Corrida: teoria e prática do treinamento / Alexandre
Fernandes Machado. – 2ª ed. – São Paulo: Ícone, 2011.

Bibliografia.
ISBN 978-85-274-1020-5

1. Corrida (Atletismo)   I. Título.

08-11799   CDD-796.426

Índices para catálogo sistemático:
1.   Corridas: Atletismo: Esporte   796.426

Alexandre Machado

CORRIDA
Teoria e Prática do Treinamento

2ª edição

© Copyright 2011
Ícone Editora Ltda.

Capa
Andréa Magalhães da Silva
Richard Veiga

Diagramação
João Bosco de Oliveira

Revisão
Rosa Maria Cury Cardoso

Proibida a reprodução total ou parcial desta obra,
de qualquer forma ou meio eletrônico, mecânico,
inclusive através de processos xerográficos,
sem permissão expressa do editor
(Lei nº 9.610/98).

Todos os direitos reservados à
ÍCONE EDITORA LTDA.
Rua Anhanguera, 56 – Barra Funda
CEP 01135-000 – São Paulo – SP
Tels./Fax.: (11)3392-7771
www.iconeeditora.com.br
iconevendas@iconeeditora.com.br

DEDICATÓRIA

Aos meus pais, que me deram educação e carinho.

Ao meu filho Matheus, pelos momentos de alegria que em sua companhia são infinitos.

À minha esposa Ana Paula, pelo carinho, dedicação e compreensão.

AGRADECIMENTOS

A Deus.

Aos amigos.

Ao professor e amigo Estélio Dantas, pelos seus ensinamentos da graduação até o mestrado.

Ao amigo e irmão Antônio M. Aboarrage Junior (NINO), pelos conselhos ao longo da minha carreira profissional.

O AUTOR

O professor Alexandre Fernandes Machado formou-se em Educação Física na Universidade Federal Rural do Rio de Janeiro em 1999, onde começou a atuar na área da pesquisa, sendo bolsista de iniciação científica do Laboratório de Biometria e Fisiologia do Esforço (LABIFIE), dando continuidade em sua formação com os seguintes cursos:

• Pós-graduação *Lato sensu* a nível de especialização em Fisiologia do Exercício – Universidade Castelo Branco – 2001.

• Mestrado em Ciência da Motricidade Humana – Universidade Castelo Branco – 2004.

Foi professor da Universidade Estácio de Sá (2003-2007), onde ministrou aulas nas cadeiras de Fisiologia do exercício, Treinamento desportivo e Metodologia de pesquisa aplicada à educação física, onde também foi coordenador do laboratório de fisiologia do exercício (LAFIEX) da Universidade Estácio de Sá Petrópolis-RJ (2005-2007).

Atualmente é professor da Universidade Bandeirante de São Paulo (UNIBAN), onde ministra aulas na cadeira de treinamento desportivo e desenvolve pesquisa na área de avaliação e treinamento físico em projetos de iniciação científica apoiados pela instituição. É professor convidado de cursos de Pós-graduação *lato sensu* em diversas instituições pelo Brasil e de congressos nacionais e internacionais.

PREFÁCIO

Foi com grande prazer que aceitei o convite para prefaciar esta obra, que tem como objetivo tornar a vida dos corredores muito mais fácil.

Na introdução, os leitores poderão ter uma compreensão de como esta modalidade esportiva teve sua evolução nos últimos 10 anos tanto em números de adeptos como em evidências científicas, que por sua vez é o fator que realça o reconhecimento da corrida em seu papel essencial na manutenção da saúde e controle de doenças.

Ao longo dos meus 20 anos de carreira na Educação Física deparei-me com dúvidas sobre o treinamento da corrida e tive que consultar vários autores para poder saná-las. Aqui os caros leitores poderão ter acesso a modelos de testes físicos específicos, programação e planejamento de treinos, vantagens e desvantagens de quando, onde e como correr, também calcular e quantificar a intensidade do exercício direcionado para a corrida, tudo isso fundamentado em critérios científicos.

Com muitos anos de prática, a corrida, agora, virou uma febre que tem aproximadamente 4 milhões de adeptos e os objetivos são variados como: lazer, prevenção de doenças, competição de alto rendimento e competições amadoras. Certamente, os leitores após terminarem de ler esta obra irão querer sair correndo, mas agora com qualidade e fundamentação específica. Para finalizar, tenho que reconhecer que realmente esta obra não é somente para os professores de Educação Física e treinadores, mas sim para todos os praticantes desta modalidade. Congratulo-me com o autor que vi crescer dentro da Educação Física por sua dedicação, profissionalismo e determinação. Tenho certeza que a Educação Física precisa de profissionais assim para que possa reinar sempre entre os seres humanos. Tenham uma ótima leitura.

Prof. M. Sc. Antonio M. Aboarrage Jr. (Nino Aboarrage)
Mestre em Ciência da Motricidade Humana
Membro da Aquatic Exercise Association (AEA)

ÍNDICE

Capítulo 1 - Exercício físico e saúde, 15

Capítulo 2 - Critérios científicos, 19

Capítulo 3 - Bases fisiológicas do treinamento, 27

Capítulo 4 - Testes físicos, 52

Capítulo 5 - Prescrição do treinamento, 74

Capítulo 6 - Corrida aquática e suas particularidades fisiológicas, 111

Capítulo 7 - Periodização do treinamento, 118

Capítulo 8 - Gasto energético, 137

Capítulo 1

Exercício Físico e Saúde

A partir da década de 80 houve um aumento no número de evidências mostrando que a atividade física regular causava um efeito protetor em seus praticantes, diminuindo a mortalidade de portadores das doenças crônico degenerativas[1,2], mas o exercício físico só foi reconhecido formalmente no final da década de 80 como fator que desempenha papel essencial na manutenção da saúde e no controle das doenças [1]. Sendo o grande número de evidências científicas incontestáveis, fator decisivo para esse reconhecimento.

Em função das duas grandes guerras mundiais, a fisiologia do exercício estava direcionada para o treinamento militar e com o fim da guerra os pesquisadores voltaram sua atenção para as doenças crônico degenerativas. Explicando assim a demora no aparecimento de um grande número de estudos na área da melhoria da qualidade de vida e, também no reconhecimento pela sociedade dos benefícios da prática de exercícios físicos regulares[2].

Recentemente vários pesquisadores[3,4], vêm associando a prática regular de exercícios físicos e seus benefícios como fator de prevenção e redução dos fatores de risco das doenças crônico degenerativas. A quantificação da prática regular de exercícios físicos foi estudada por vários especialistas[3,4,5,6,7,8], e após uma revisão das evidências científicas conhecidas concluíram que um indivíduo adulto deve realizar diariamente 30 minutos de atividade física moderada (200 Kcal), para que ele possa sair de um comportamento sedentário e com isso passar para um estilo de vida ativa.

A sociedade moderna com seus avanços tecnológicos induz o ser humano cada vez mais ao estilo de vida sedentário[7,9]. Uma boa parte da população tem uma variedade de tarefas complexas, envolvendo raciocínio e criatividade, o que, conseqüentemente acarreta uma diminuição do gasto energético e o surgimento de doenças crônico degenerativas. Ao contrário da sociedade antiga onde o ser humano tinha como atividade habitual a corrida e a caminhada.

Em contrapartida a atividade física habitual que era realizada pelo homem no passado, passou a ser uma atividade eletiva, quase sempre relacionada ao lazer. Talvez seja esta a explicação da escolha da corrida como atividade física pelo seus praticantes, além de ser uma atividade de fácil execução e de baixo custo.

Segundo a Federação Paulista de Atletismo (FPA), existem 4 milhões de praticantes de corrida. O seu sucesso é comprovado pelo crescente número de provas e de seus participantes. Em 2002 foram 17 provas e 11 mil corredores na Cidade de São Paulo e em 2007 foram realizadas 230 provas envolvendo mais de 400 mil corredores. Podemos observar este fenômeno em todo o mundo, pois em 2007 na maratona de *New York*, foram mais de 100 mil inscritos.

A corrida é emoção, prazer e uma ciência complexa e cheia de detalhes. Para cada planilha de treinamento, cada sessão e para cada dia de repouso existe todo um conhecimento científico com a finalidade de tornar o treinamento mais eficiente e seguro para o seu praticante. Com isso o objetivo desta obra é disseminar o conhecimento referente à avaliação e prescrição do exercício tido para alguns como o mais comum e o mais praticado entre os exercícios, a corrida, apresentando ao leitor diversas técnicas de baixo custo e alta operacionalidade, condizente com a realidade do nosso ambiente de trabalho para os mais diversos objetivos (condicionamento físico, emagrecimento e alto rendimento).

Referências Bibliográficas

1- BERRYMAN, J.W. **Out of many, one: A history of the American College of Sports Medicine.** Human Kinetics. 1995.

2- MASSENGALE, J. D; SWANSON, R.A. **The history of exercise and Sport Science.** Human Kinetics. 1996.

3- SESSO, H.D; PAFFENBARGER, R.S; LEE, I. Physical activity and coronary heart disease in men. The Harvard Alumni Health Study. **Circulation**. 2000; 102(9):975.

4- WESTERTERP, K.R. Pattern and intensity of physical activiy. **Nature**. 2001; 410:539.

5- JAKICIC, J.M; WING, R.R; BUTLER, B.A; ROBERTSON, R.J. Prescribing exercise in multiple short bouts versus one continuous bout: effect on adherence, cardiorespiratory fitness and weight loss in overweight women. **Int. J. Obes**. 1995; 19: 893-901.

6- MURPHY, M. H; HARDMAN, A . Training effects of short and long bouts of brisk walking in sedentary women. **Med Sci Sports Exerc**. 1998; 30: 152-57.

7- PATE, R.R; PRATT, M; BLAIR, S.N; HASKELL, W.L; MACERA, C.A; BOUCHARD, C; BUCHNER, D; ETTINGER, W; HEATH, D.W; KING, A. C; KRISKA, A; LEON, A. S, MARCUS, B. H; MORRIS, J; PAFFENBARGER, R. S; PATRICK, K. POLLOCK, M.L; RIPPE, J. M; SALLIS, J; WILMORE, J.H. Physical activity and public health: a recommendation from the centers for disease control and prevention and the ACSM. **JAMA**. 1995; 273(5): 402-7.

8- ANDERSEN, R.E; WADDEN, T.A; BARTLETT, S.J; ZEMEL, B; VERDE, T.J; FRANCKOWIAK, S.C. Effects of lifestyle activity vs structured aerobic exercise in obese women. **JAMA**. 1999; 281: 335-340.

9- GRETEBECK, R.J; MONTOYE, H.J. Variability of some objective measures of physical activity. **Med Sci Sports Exerc**. 1992; 24(10): 1167-72.

Capítulo 2

Critérios Científicos

Por existirem em Educação Física numerosos instrumentos de teste, para se fazer uma escolha é necessário pensar cuidadosamente nos méritos de cada um deles ao selecioná-los. Antes mesmo que um teste possa ser selecionado para um programa de avaliação, devemos nos certificar que ele foi elaborado dentro dos padrões científicos, medindo aquilo que se propõe a medir, ou seja, seguindo os critérios de autenticidade científica. A aplicação do conhecimento científico para determinar o tipo e a quantidade de atividades físicas necessárias, vai de encontro às necessidades individuais do cada indivíduo. E neste ponto a ciência do movimento humano tem mostrado um importante avanço nos últimos anos, através de um desenvolvimento contínuo e sistemático[1].

Ao se lidar com a ciência do movimento humano, não se lida apenas com o aspecto físico, mas trabalha-se o desenvolvimento global do homem. O conceito globalidade humana é hoje algo tão firmado e universalmente aceito que é inadmissível manter-se separada a educação intelectual da educação física[2].

Mas como localizar potencialidades e debilidades? Como transformar o deficiente em eficiente? Como ajustar o treinamento à realidade biológica? Como monitorar o seu desenvolvimento? É neste ponto que o processo de medidas e avaliação surge como um elemento de suma importância tanto no treinamento desportivo como no processo educacional[3,4]. Durante este processo os professores e treinadores devem utilizar-se de instrumentos que o permitirão atingir seus objetivos, com segurança e confiabilidade. Para isso, devemos respeitar os critérios de autenticidade científica.

Os principais objetivos do processo de medidas e avaliação são:

- Determinar o processo em que o indivíduo se encontra.
- Classificar os indivíduos.
- Reajustar o treinamento.
- Manter padrões.
- Motivar.

Teste

Instrumento de ampla aceitação, quando aplicados com vigor e interpretados prudentemente, os testes são umas das muitas técnicas utilizadas por psicólogos e professores[1].

Prova definida, que implica em realizar determinada tarefa, idênticas para todos os sujeitos examinados, com uma técnica bem precisa para a apreciação do resultado [3].

Então podemos entender como teste: instrumento científico, de valor diagnóstico, que implica uniformidade nas condições de aplicação e correção e que vem sempre acompanhado de normas para sua interpretação.

Tipo de testes

a) Teste de eficiência – estudam aspectos cognitivos como: inteligência, aptidões.

b) Teste de personalidade – estudam aspectos conativos e afetivos como: caráter, afetividade.

Medida

Técnica de avaliação que usa procedimentos precisos e objetivos, resultando em uma resposta, que podem ser expressa numericamente[5]. A medida assume duas formas: a qualitativa e a quantitativa. Logo pode ser vista como uma técnica de avaliação que se vale de procedimentos precisos e objetivos, dos quais resultam dados quantitativos e que, geralmente, expressam um resultado em uma forma numérica. Há, contudo, situações em que a resposta não pode ser plenamente quantificada, mas julgada, a partir de alguns parâmetros[6]. Como quantificar a motivação, atenção, e outros elementos deste tipo? Podemos qualificar de forma gradativa como: bom, regular e ruim, a partir de parâmetros comparativos, que diminuam a interferência da subjetividade. Qualificações estas serão utilizadas como resposta do teste, de uma forma objetiva, sendo assim consideradas medidas qualitativas.

Análise

Comparando-se resultados, pode-se determinar a realidade dos elementos que compõem o grupo em relação à totalidade ou comparar grupos entre si, permitindo determinar pontos fortes e fracos, positivos e negativos, estabelecendo-se a realidade do trabalhado em um momento. As classificações dos resultados de um aluno ou de um atleta em um determinado momento são conseqüências de uma análise de resultados[6].

Avaliação

Processo que utiliza técnicas de medidas, quando aplicadas resultam em dados quantitativos ou qualitativos, e que são utilizados por comparação com critérios preconcebidos [5].

A avaliação é um recurso que se aplica ao avaliado e ao processo, podendo ser um indicador quantitativo ou qualitativo, utilizando elementos objetivos ou subjetivos e empregados para comparação de resultados [6]. Não deve ser encarada como produto de um momento mas sim de período, possibilitando reajustar o programa a fim de atingir o objetivo almejado.

Tipos de avaliação

Avaliação diagnóstica – análise dos pontos fortes e fracos do atleta, aluno ou equipe, em relação à determinada característica.

Avaliação formativa – informa sobre o progresso dos indivíduos, no decorrer do processo ensino-aprendizagem, indicando ao professor o grau de aprendizagem do aluno.

Avaliação somativa – soma de todas as avaliações realizadas no fim de cada unidade do planejamento, com intuito de obter o progresso do aluno.

Seleção dos testes

Depois de determinar o porquê e o que medir ou testar devemos selecionar o melhor teste. Os testes selecionados deverão ter parâmetros aceitáveis para efetuar a tomada de decisão. Deve-se verificar sempre a validade, fidedignidade e objetividade dos testes propostos[1].

Durante o processo avaliativo é muito importante que o professor de educação física utilize-se de instrumentos ou testes que lhe permitirão atingir seus objetivos com segurança e consistência.

Validade

Indica se o teste mede aquilo que deve ou pretende medir, ou seja, é a segurança da interpretação dos resultados do teste. Na educação física existem inúmeros instrumentos de teste; para se fazer uma escolha, é necessário estudar cuidadosamente os objetivos de cada um deles ao fazer sua seleção [1]. Para garantir uma interpretação adequada, o professor deve conhecer o tipo de validade que o teste propõe.

Existem quatro tipos de validade[7]:

• **Validade lógica** – é subjetiva e não é expressa por valores numéricos. Entretanto, ela é considerada como um pressuposto para outros tipos de validade muito utilizada na área de educação física. Ela é invocada quando a medida obviamente retrata a performance que está sendo medida.

• **Validade por conteúdo** – assim como a validade lógica, não pode ser expressa por valores numéricos. É muito utilizada nas avaliações curriculares das unidades de ensino de 1º e 2º graus, ou seja, é uma relação de ensinar e testar.

Resume-se quase que exclusivamente à aprendizagem em ambientes educacionais. Logo, um teste tem validade por conteúdo se mostrar adequadamente o que foi abrangido no curso.

• **Validade por critério** – é a comparação entre os escores do teste proposto com a medida padrão, pois, usa uma medida critério ou teste padrão conhecido e que já possua autenticidade científica comprovada, é expressa matematicamente, através de um coeficiente de correlação.

A validade por critério dividiu-se em validade concorrente e por predição.

Validade concorrente – é a relação dos escores de um teste proposto com um outro teste, chamado padrão, por ter comprovada a sua validade. Utilizada quando se deseja substituir um teste longo ou complexo, por um outro teste curto e de fácil aplicação.

Validade por predição – utilizada pelos professores de educação física quando se deseja prever resultados futuros de um indivíduo em uma característica ou habilidade específica. Comprova através de um coeficiente de correlação que irá estabelecer uma relação entre teste proposto e a medida critério, é influenciada pelo tamanho da amostra e pelo erro padrão estimado.

• **Validade por construção** – é entendida como grau no qual o teste mede uma característica, ou constructo que não pode ser diretamente medido, relacionando-se os resultados do teste com algum comportamento.

Constructo – nome que se dá a características que não podem ser medidas como: personalidade, estresse e etc.

A validade por construção é dada através de métodos diferenciados e cada um destes é mais apropriado a determinada situação.

Fidedignidade

É a possibilidade de repetição de uma medida. Um teste não pode ser válido se não for fidedigno. A fidedignidade indica até que ponto as diferenças individuais nos resultados dos testes podem ser atribuídas a erros ocasionais de medida, e até que ponto elas revelam diferenças intrínsecas nos atributos em consideração. Ela pode ser interpretada através de um coeficiente de correlação que será obtido pela concordância dos resultados dos testes[1]. Se você não confiar que testes sucessivos produzam os mesmos valores, então não podemos confiar no teste. A fidedignidade é expressa por um coeficiente de correlação, que varia de 0,00 a 1,00. quanto mais próximo de 1,00 menor variação de erro é refletida pelo resultado[7].

Objetividade

É o grau de concordância com o qual vários indivíduos marcam os mesmos resultados no teste, ou seja, é a ausência da influência do avaliador nos resultados do teste, que são expressos através de um coeficiente de correlação[1], seguindo os mesmos procedimentos e valores da fidedignidade.

Coeficiente de Correlação (r)

Conhecido como grau de concordância entre duas variáveis. A correlação entre variáveis pode denotar a existência de uma associação ou pode dar uma indicação do grau com o qual as duas variáveis estão envolvidas[5]. Quanto mais altos forem os coeficientes de correlação para validade, fidedignidade e objetividade, sua avaliação terá maior confiabilidade (Tabela 2.1).

Tabela 2.1 - Interpretação do coeficiente de correlação

Classificação	Validade	Fidedignidade	Objetividade
Excelente	0,80 – 1,00	0,90 – 1,00	0,95 – 1,00
Bom	0,70 – 0,79	0,80 – 0,89	0,85 – 0,94
Regular	0,50 – 0,69	0,60 – 0,79	0,70 – 0,84
Fraco	0,00 – 0,49	0,00 – 0,59	0,00 – 0,69

Referências Bibliográficas

1- MATHEWS, D. K. **Medidas e avaliação em Educação Física**. 5ª edição, Rio de Janeiro, Guanabara, 1980.

2- MORROW Jr. J.R; JACKSON, A. W; DISCH, J. G; MOD, D. P. **Medida e avaliação do desempenho humano**. 2ª edição, São Paulo, Artmed, 2003.

3- NICK, E. **Estatística e Psicometria**. Rio de Janeiro. J. Ozon, 1963.

4- YELA, M. **Psicologia de las aptitudes: el avalisis faetorial Y las Funciones del alma**. Ed. Gredos. Madrid, 1956.

5- UDINSHY, B. F; OSTERLIND, S.J; LYNCH, S.W. **Evalution Resource Handbook**. Gathering, Analyzing, 1981.

6- MARINS, J.C.B; GIANNICHI, R.S, **Avaliação e Prescrição de Atividade Física**. Ed. Shape. Rio de Janeiro, 2003.

7- THOMAS, J. R; NELSON J. K. **Research Methods in Phiysical activity**. 3ª edition, Human Kinetics, 1996.

Capítulo 3

Bases Fisiológicas do Treinamento

• Fisiologia do exercício

Fisiologia do exercício é o estudo das respostas e adaptações fisiológicas que ocorrem como resultado do exercício praticado de forma aguda ou crônica[1]. O exercício é o estresse físico mais comum ao organismo, podendo aumentar a sua taxa metabólica em até 20 vezes os valores de repouso[2].

O exercício, os jogos e a saúde preocupavam até mesmo as civilizações mais antigas, mas o primeiro enfoque real sobre a fisiologia do exercício teve início na Grécia antiga. A maior influência sobre a civilização ocidental veio dos médicos gregos da Antiguidade[3]. Heródico (480 a.c.), médico e atleta, influenciou Hipócrates (460 a.c.), que contribui com 87 tratados sobre medicina, e Galeno (131 d.c.), que foi um dos médicos mais conhecidos e influentes que já existiu. Galeno escreveu aproximadamente 80 tratados e 500 ensaios relacionados a anatomia e fisiologia humana, nutrição, crescimento e desenvolvimento, benefícios do exercício e as conseqüências do sedentarismo à saúde[3].

Com o passar dos anos, a fisiologia do exercício foi se desenvolvendo e já na década de 40 a pesquisa enfatizava aptidão e força no que se relacionava ao combate. Na década de 70, houve um aumento significativo no número de laboratórios e na produção de pesquisa nos EUA e Escandinávia. Nos anos 80 a maior ênfase foi sobre as fibras musculares, nutrição, treinamento contra resistência e reabilitação e nos anos 90 o principal enfoque foi sobre aptidão física e qualidade de vida[4]. Observando, o nascimento de um processo de avaliação física voltado para a qualidade de vida.

• **Bioenergética**

Durante o exercício físico acontecem vários fenômenos no interior do organismo, alguns fundamentais para a construção de um novo método de medidas e avaliação. Quando um indivíduo realiza qualquer tipo de exercício físico, o mais evidente é que se aumente a demanda energética[5]. A energia para contração muscular também ocorre em função da oxidação dos substratos estocados, que disponibilizam dois compostos de alta energia: adenosina trifosfato (ATP) e creatina fosfato (CP). As quantidades de ATP são limitadas em uma célula muscular e este ATP que está sendo utilizado é regenerado constantemente[4,6].

Existem três processos comuns para formação do ATP: "(1) Sistema do fosfagênio (ATP-CP), (2) glicólise anaeróbica e (3) sistema aeróbico", O primeiro gera ATP através da fosfocreatina (CP); o segundo gera ATP, e também ácido lático. Ambos não requerem a presença de oxigênio, tratando-se de um metabolismo anaeróbico[4]. Já o terceiro sistema, envolve uso de oxigênio, podendo ser dividido em dois: o primeiro, que termina na oxidação dos carboidratos, e o segundo, que envolve a oxidação dos ácidos graxos e de alguns aminoácidos[4]. O ATP é armazenado nas células musculares e, tanto o ATP como a CP, contêm grupos fosfato que segundo a CP é semelhante ao ATP, pois, quando seu grupo fosfato é removido, é liberada uma alta quantidade de energia (Equação 3.1). Com a mesma velocidade com que o ATP é desintegrado durante a contração muscular, será formado um novo ATP a partir do ADP e Pi em função da energia gerada durante a desintegração da CP armazenada (Equação 3.2)[3,4,7].

$$CP + H_2O \rightarrow C + Pi + Energia \qquad (3.1)$$

$$Energia + ADP + Pi \rightarrow ATP + H_2O \qquad (3.2)$$

Na glicólise anaeróbica, o ATP também é ressintetizado dentro do músculo, através da desintegração incompleta do carboidrato, para ácido lático[4]. No corpo, os carboidratos são transformados em glicose (açúcar simples), que pode ser utilizada rapidamente, ou armazenada sob forma de glicogênio nos músculos e no fígado para uma futura utilização. A glicose é metabolizada apenas parcialmente pelo processo da glicólise anaeróbica, que ocorre no citosol (líquido intracelular) da célula muscular sem qualquer necessidade de oxigênio[3]. A glicólise anaeróbica requer 12 reações químicas separadas, seu produto final é o ATP e o ácido lático.

A produção aeróbica de ATP ocorre no interior das mitocôndrias e envolve a interação de duas vias metabólicas cooperativas: o ciclo de Krebs e a cadeia de transporte de elétrons[8]. A função principal do ciclo de Krebs é o término da oxidação dos carboidratos, das gorduras ou proteínas, utilizando-se do NAD^+ e do FAD^+, como transportadores de hidrogênio. Esta energia será utilizada na cadeia de transporte de elétrons, a fim de combinar o ADP e Pi para ressintetizar o ATP. Na cadeia de transporte de elétrons, a produção aeróbica de ATP ocorre em função de um mecanismo que utiliza a energia disponível nos transportadores de hidrogênio reduzidos como NADH e o FADH para a ressíntese do ADP em ATP.

• **Respostas agudas ao exercício**

A produção de energia depende maciçamente dos sistemas respiratório e cardiovascular para o suprimento de oxigênio (O_2) e nutrientes[9]. O substrato metabolizado determina a quantidade de dióxido de carbono produzido em relação ao oxigênio consumido[3]. Em virtude das diferenças químicas dos substratos (carboidratos, lipídeos e proteínas), para a oxidação completa de átomos de carbono e hidrogênio de uma molécula, serão necessários diferentes quantidades de O_2. Os parâmetros medidos na boca, o $\dot{V}O_2$ e o $\dot{V}CO_2$ (eliminação alveolar de CO_2), embora sejam grandezas respiratórias, consistem somente em uma estimativa da resposta metabólica – dada respectivamente pelo $\dot{Q}O_2$ (consumo de O_2 pelas células) e pelo $\dot{Q}CO_2$ (produção celular de CO_2)[10,11]. O R (razão de trocas gasosas respiratórias), que representa a relação entre o $\dot{V}O_2$ e o $\dot{V}CO_2$ ($\dot{V}O_2/\dot{V}CO_2$), estima o RQ (quociente respiratório) em condições de repouso ou exercícios em *steady-state*. O RQ é a relação entre o $\dot{Q}O_2$ e o $\dot{Q}CO_2$ ($\dot{Q}CO_2/\dot{Q}O_2$)[4,12].

O RQ determina quais nutrientes estão sendo metabolizados para obtenção de energia além da via metabólica utilizada. O RQ igual a 1,0 retrata que, para uma mesma quantidade de O_2 consumido, é produzida a mesma quantidade de CO_2; enquanto que valores iguais a 0,71 retratam que os principais substratos são os lipídeos. Já um RQ superior a 1,0, representa um déficit de O_2 (atraso na captação de O_2 no exercício) e o aumento do metabolismo anaeróbico[11].

Durante o exercício, haverá um aumento da demanda metabólica requerendo elevação do transporte de O_2, por sua vez, é mediado pelo débito cardíaco, varia de 5 a 8 l/min em repouso podendo atingir valores de 25 l/min em sedentários e de até 43 l/min em atletas de alto nível[13]. Com isso, o fornecimento de O_2 pode não ser suficiente se deparado à demanda energética. Em exercícios submáximos com duração entre 5 e 10 minutos, o débito cardíaco tem uma pequena elevação seguida de uma estabilização. Este fato ocorre tanto pela alteração no volume sistólico como na freqüência cardíaca. O volume de ejeção aumenta até o correspondente de 50 a 60% do $\dot{V}O_2$ máx., e a partir daí o aumento da freqüência cardíaca é o principal responsável pelo fluxo sanguíneo[1,14]. Em exercícios submáximo prolongado (acima de 30 minutos), o débito cardíaco se mantém quase constante durante todo exercício, o que não ocorre com a freqüência cardíaca.

Com o prolongamento do exercício a FC aumenta gradualmente enquanto o volume sistólico decresce gradualmente. De acordo com a "lei de *Frank-Starling*", a quantidade de sangue que é bombeado pelo coração é, normalmente, a quantidade de sangue que chega até ele[15], acarretando o aumento do volume sistólico. E quanto maior a exigência de O_2 pelos tecidos em função do exercício, maior tende a ser o retorno venoso que, conseqüentemente, ao final da diástole, leva um maior estiramento das fibras miocárdicas. Tal estiramento, por sua vez, causa maior enchimento ventricular e, assim, a contração sistólica será forçada, elevando, portanto, a pressão arterial sistólica (PAS).

• Respostas crônicas ao exercício

Entre os inúmeros benefícios que a prática regular de atividade física pode proporcionar, abordarmos aqui alguns dos principais deles relacionados com os exercícios aeróbicos. Os benefícios incluem a melhora da função cardiorrespiratória representada por: aumento do consumo máximo de O_2, menor dispêndio de energia do miocárdio para uma mesma intensidade de esforço submáximo, pressão arterial e freqüência cardíaca mais baixa para uma mesma intensidade de esforço submáximo, redução dos fatores de risco de doença de artéria coronariana em função de pressões sistólicas e diastólicas diminuídas em repouso em hipertensos, aumento do HDL sérico e redução dos triglicerídeos séricos, diminuição da mortalidade e morbidade, pois níveis mais baixo de aptidão estão associados às taxas mais altas de morte por DAC, diminuição da ansiedade e do estresse, melhora da sensação de bem-estar e melhora do desempenho profissional e das atividades de lazer e esportivas[16,17].

A prática de atividades aeróbicas, a longo prazo, pode causar aumento da cavidade ventricular, e portanto aumento do volume de ejeção, ao mesmo tempo que causa uma FC menor para bombear o mesmo volume sanguíneo. Com isso, a freqüência cardíaca em repouso também diminui[13]. O custo de oxigênio para uma mesma intensidade de esforço tende a ser menor em indivíduos fisicamente ativos do que para aqueles inativos[11,18].

• *Steady-state*

Durante os primeiros minutos de exercício a captação de oxigênio aumenta até atingir um determinado ponto caso a carga não seja alterada, ponto este denominado de *steady-state* (estado estável) ou estado de equilíbrio, no qual a captação de oxigênio reflete às necessidades dos tecidos durante o exercício. Observa-se o estado de equilíbrio, entre o sexto e oitavo minutos de exercício para um dado nível de esforço[13].

A obtenção desse estado estável coincide aproximadamente com a adaptação do débito cardíaco, da freqüência cardíaca e da ventilação pulmonar[19]. O ritmo estável reflete um equilíbrio entre a energia de que necessitam os músculos ativos e a produção de ATP através do metabolismo aeróbico[3]. Com isso observamos que durante o estado de equilíbrio em exercício, a captação de oxigênio se iguala às necessidades de oxigênio dos tecidos. Com isso o lactato sanguíneo não se acumula em qualquer grau apreciável nas condições metabólicas de ritmo estável[3]. Logo não haverá acúmulo de lactato no organismo durante a atividade em estado de equilíbrio.

Teoricamente quando o indivíduo alcança o estado de equilíbrio durante o exercício ele poderia continuar por um tempo indeterminado, a perda de líquidos e a depleção eletrolítica passam com freqüência a constituir fatores limitantes importantes, especialmente durante o clima quente[3]. Durante o exercício submáximo acima de 30 minutos de duração, o volume sistólico decresce discretamente enquanto que a freqüência cardíaca aumenta gradualmente, com o prolongamento do exercício[13].

Metodologicamente, a captação máxima de oxigênio é alcançada numa carga de trabalho que não é necessariamente máxima[19]. Logo não é necessário um teste com uma intensidade máxima para avaliar o $\dot{V}O_2$ máx.

• $\dot{V}O_2$ máximo

Em 1884, um italiano chamado Mosso observou os efeitos de se exercitar um músculo em um tipo de ergômetro. Ele foi um dos primeiros fisiologistas a levantar a hipótese de que a eficiência muscular era dependente de fatores do sistema circulatório.

Archibold Hill em 1921 ganhou o prêmio Nobel por seus estudos realizados sobre o metabolismo energético, desde então vários pesquisadores têm investido muito tempo em estudos sobre o consumo máximo de oxigênio (VO_2 máx.). A mais alta captação de oxigênio que o indivíduo pode alcançar durante um trabalho físico, respirando ar ao nível do mar é denominada de capacidade aeróbica, potência aeróbica máxima, consumo de oxigênio máximo ou simplesmente VO_2 máximo.

No pulmão ocorre da seguinte forma: 1) por difusão, o oxigênio passa para o sangue arterial; 2) os eritrócitos (células vermelhas) transportam-no até a membrana celular do músculo; 3) por meio desta, o oxigênio é transportado até as mitocôndrias e 4) nestas, o oxigênio exerce sua função através das reações químicas associadas ao metabolismo aeróbico[20].

O transporte de oxigênio do meio externo para o interior das mitocôndrias da célula muscular contrátil requer a interação do fluxo sanguíneo e a ventilação no metabolismo celular. Uma alta capacidade aeróbica requer a resposta integrada e de alto nível de diversos sistemas fisiológicos[3]. Podendo suportar níveis metabólicos de 10 a 12 vezes maiores do que os de repouso.

Quando a interação entre os sistemas não é suficiente a ponto de atender aos rápidos aumentos da atividade muscular, o metabolismo anaeróbico compensa transitoriamente essas demandas energéticas [21], levando a uma acidose metabólica, o que acarretará em uma fadiga precoce[3].

A informação fornecida pela avaliação da captação máxima de oxigênio representa uma medida de

(1) a maior produção de energia por processos aeróbicos e (2) a capacidade funcional da circulação[19]. Com isso o $\dot{V}O_2$ máx. tem recebido a atenção de vários pesquisadores, pois tem sido aceito como parâmetro fisiológico para classificar o nível de aptidão de um indivíduo. O $\dot{V}O_2$ máx. é um dos mais importantes parâmetros fisiológicos, onde reflete a interação de vários sistemas que servem de suporte ao desenvolvimento das capacidades físicas[22]. Resume-se em seis itens a importância de medir o $\dot{V}O_2$ máximo[13]:

1 - É aceito internacionalmente como melhor parâmetro fisiológico para avaliar, em conjunto, a capacidade funcional do sistema cardiorrespiratório.

2 - É um parâmetro fisiológico e metabólico para avaliar a capacidade metabólica oxidativa aeróbica durante trabalhos musculares acima do metabolismo basal.

3 - É um parâmetro ergométrico utilizado para a avaliação da capacidade de trabalho do homem em diferentes atividades ocupacionais (medicina do trabalho).

4 - É um parâmetro fisiológico utilizado para prescrever atividades físicas sob forma de condicionamento físico normal (sedentários, obesos, idosos) ou especial (cardíacos, pneumopatas, diabéticos, etc.) ou sob forma de treinamento físico (preparação física de atletas) ou para prescrever atividades ocupacionais no ambiente de trabalho.

5 - É um parâmetro usado para quantificar o efeito do treinamento físico no sistema cardiorrespiratório.

6 - É usado em estudos epidemiológicos para comparação de capacidade física entre os povos e atletas.

O consumo de oxigênio em repouso é aproximadamente de 3,5 ml.kg.min⁻¹ tanto para indivíduos sedentários e treinados, mas durante de esforços máximos os indivíduos treinados possuem valores até duas vezes maior do que aqueles apresentados pelos indivíduos sedentários[2].

Sabemos que o $\dot{V}O_2$ máx. pode ser expresso em litros de oxigênio consumido por minuto (L/min⁻¹) ou em mililitros de oxigênio consumido por minuto por quilograma de peso corporal (ml.kg.min.⁻¹), ou seja na forma absoluta ou relativa respectivamente. O valor do $\dot{V}O_2$ máx. expressa quantitativamente a capacidade individual para a ressíntese aeróbica do ATP[3].

• **Fatores determinantes**

Os principais fatores determinantes do $\dot{V}O_2$ máx. são: genético, idade, sexo e o treinamento. Aqui veremos cada um dos quatro fatores determinantes.

Genético

Vários pesquisadores pesquisaram sobre a contribuição genética para as diferenças individuais na capacidade fisiológica e metabólica do ser humano. Apenas a hereditariedade era responsável por 93% das diferenças observadas na capacidade aeróbica quando medida pelo $\dot{V}O_2$ máximo[3]. Investigações futuras indicaram um efeito significativo menor sobre os fatores hereditários em relação a capacidade aeróbica. Os fatores genéticos são responsáveis por 67% da variabilidade observada no $\dot{V}O_2$ máximo[23]. Já o efeito genético é estimado atualmente em cerca de 10 a 30% para o $\dot{V}O_2$ máximo[3]. A hereditariedade foi responsável por 66% da variação dos valores de $\dot{V}O_2$ máximo[24]. Enquanto que a relação aos efeitos da hereditariedade sobre o $\dot{V}O_2$ máximo ainda não são totalmente conclusivos, podendo responder por 25-50% da variação do $\dot{V}O_2$ máximo[25]. Observamos que os fatores genéticos influenciam significativamente sobre o $\dot{V}O_2$ máximo do ser humano. Os fatores genéticos e ambientais influenciam o $\dot{V}O_2$ máximo, com os primeiros provavelmente estabelecendo os limites para o indivíduo[25].

Idade e sexo

Os equipamentos e os testes para se medir o $\dot{V}O_2$ máximo foram desenvolvidos em sua maioria para adultos o que torna muito difícil sua adaptação para crianças. Uns dos maiores problemas nos trabalhos realizados com crianças e adolescentes são em determinar quais respostas são em função do estímulo e quais respostas são em função do crescimento. A maturação biológica é um determinante crítico das respostas fisiológicas durante o exercício[26]. A determinação do $\dot{V}O_2$ máximo em crianças menores de 8 anos de idade é muito difícil de ser realizada[27]. Os resultados obtidos em crianças abaixo dos 8 anos de idade, devem ser observados com restrições[28]. Em meninos de 8 a 16 anos verificou-se um aumento anual da porcentagem de $\dot{V}O_2$ máximo de 11,1, sendo que os maiores aumentos foram entre a faixa etária de 12 e 13 anos (0,31 l/min) e 13 e 14 anos (0,32 l/min)[29]. No mesmo estudo em relação a meninas de 8 a 13 anos, verificou-se que o $\dot{V}O_2$ máximo aumentou em função da idade cronológica. Em um outro estudo com meninas de 8 a 13 anos de idade, observou-se que, as meninas tiveram um aumento anual de 11,6 % do $\dot{V}O_2$ máximo, registrando-se os maiores aumentos entre as faixas etárias de 11 e 12 anos (0,25 l/min) e 12 e 13 anos (0,23 l/min)[29].

Através de um estudo transversal que, o $\dot{V}O_2$ máximo quando expresso em l/min, é 12 % maior em meninos do que nas meninas aos 10 anos de idade, aos 12 anos esta diferença sobe para 23%, aos 14 anos sobe para 31% e aos 16 anos a diferença é de 37%[28]. Podemos associar esta diferença ao nível de atividade física exercida entre crianças e adolescentes de sexo diferentes, os meninos pareceram possuir um nível habitual de atividade física maior que as meninas[2]. O $\dot{V}O_2$ máximo atinge seu ponto mais alto entre 18 e 20 anos de idade, ocorrendo um decréscimo gradual posteriormente tanto para valores absolutos como para relativos[30]. A potência aeróbica das mulheres é em média, 70 a 75 daquela dos homens[19].

Em relação ao esgotamento e aproveitamento periférico de oxigênio, a mulher está em desvantagem em relação ao homem: devido à menor massa muscular e à pior capilarização do músculo feminino não treinado [31].

A influência entre idade e sexo sobre o $\dot{V}O_2$ máximo é diferente quando este é expresso em valores relativos[2].

Treinamento

O treinamento pode aumentar o $\dot{V}O_2$ máximo, e que este aumento é mais freqüentemente encontrado em torno de 15 a 20% em indivíduos que praticam atividade física pelo menos 3 vezes na semana durante 30 minutos[32]. Quando durante o programa de atividades físicas o indivíduo perde significativamente gordura corporal e o $\dot{V}O_2$ máx. é expresso em valores relativos os resultados podem apresentar um aumento em torno de 40%.

Devemos levar em consideração que aquele indivíduo que tiver um grau maior de comprometimento com o programa de treinamento terá uma porcentagem maior de melhora do $\dot{V}O_2$ máximo e aqueles que tiverem um comprometimento menor com o programa terá uma porcentagem de melhora baixo ou não apresentará nenhuma melhora. Alguns pesquisadores têm proposto a existência de pessoas que respondem e outras que não respondem ao treinamento[25].

Quanto maior for o nível inicial do condicionamento físico, menor será a melhora relativa determinada pelo programa de treinamento. Os maiores valores de $\dot{V}O_2$ máximo são atingidos dentro de 8 a 18 meses de treinamento[2]. Lembrando que as adaptações determinadas pelo programa de treinamento, são específicas para o tipo de exercício realizado. Cada indivíduo tem um nível limitado de $\dot{V}O_2$ máx. que pode ser atingido[25].

• **Fatores limitantes**

Existem duas escolas de pensamento que trabalham com hipóteses diferentes sobre a limitação do $\dot{V}O_2$ máx., 1- aceita a hipótese de existência da limitação central[33], a 2- propõe a hipótese da limitação periférica[34]. Sabemos que a oferta central de oxigênio, depende do débito cardíaco máximo e do conteúdo máximo de oxigênio arterial, enquanto que a extração periférica de oxigênio transportado é expressa através da diferença arteriovenosa (a – $\dot{V}O_2$). Quando estes fatores são combinados, temos a habilidade de fazer com que o sistema circulatório ofereça e extraia o oxigênio. A teoria da limitação central baseia-se em estudos da década de 60, no qual os indivíduos alteraram seu nível de atividade física, concluindo-se que a limitação era do coração. Enquanto que a teoria de limitação periférica, baseia-se no fato de que o $\dot{V}O_2$ máx. é influenciado pelo potencial oxidativo das fibras musculares, ou seja, pela concentração das enzimas oxidativas e também pelo número e tamanho das mitocôndrias.

A limitação periférica pode ocorrer a partir da difusão tecidual do oxigênio, ou seja, a freqüência com que o oxigênio pode se difundir da hemoglobina até a mitocôndria[2]. Sabemos também que existe uma relação entre o $\dot{V}O_2$ máximo e a PO_2 venosa da musculatura ativa, mesmo se a oferta de oxigênio for aumentada ou diminuída. Esta relação, indica a compatibilidade da teoria da difusão periférica de oxigênio, limitando o $\dot{V}O_2$ máximo[2].

Pesquisadores[2,33,35], têm sustentado que a principal limitação do $\dot{V}O_2$ máximo seria o sistema cardiovascular, ou seja, a teoria da limitação central. Contudo, em alguns estudos em indivíduos altamente treinados, o sistema respiratório pode limitar o $\dot{V}O_2$ máximo[25]. Outros estudos tem proposto que o sistema respiratório não limita o $\dot{V}O_2$ máximo de indivíduos saudáveis exercitando-se ao nível do mar[2]. Entretanto[25] afirmam que, com aumento da intensidade de esforço realizado por alguns sujeitos altamente treinados, algumas deficiências do sistema respiratório ficam evidentes. O que sustenta a hipótese do sistema respiratório também ser um fator limitante do $\dot{V}O_2$ máximo.

• Avaliação da capacidade aeróbica

Através do teste de esforço pode-se saber até que ponto os sistemas conseguem responder bem a sua função, e mais ainda, pode-se saber também como tais sistemas estão respondendo a um determinado nível de estresse físico no decorrer do exercício[11,36]. Os diferentes testes ergométricos apresentam características distintas, podendo variar de um sistema simples a equipamentos com elevado grau de sofisticação tecnológica.

Através do teste ergométrico é que se pode responder, algumas questões como: qual a capacidade de realizar um esforço, qual é a requisição metabólica para um determinado nível de esforço, se há alguma anormalidade na relação ventilação-perfusão, se há algum defeito na utilização de O_2 pelos músculos[37,38].

Para se realizar a medida do $\dot{V}O_2$ máximo, vários protocolos foram desenvolvidos, podendo estes serem de pista ou laboratoriais, máximos ou submáximos, e ainda diretos ou indiretos. Os cientistas da área de fisiologia do exercício e médicos utilizam-se de provas de esforço para avaliar objetivamente o $\dot{V}O_2$ máximo[39]. Durante a execução dos testes, deve-se estar atentos não só à qualidade mas também à facilidade de execução dos mesmos. Existem várias categorias de ergômetros, muito das quais são utilizadas somente para fins de performance em treinamento desportivo[40].

Os três tipos de ergômetros mais utilizados são o banco, a bicicleta e a esteira[41]. O ergômetro de banco pode ser constituído de um, dois ou mais degraus e a altura do degrau vai variar conforme o protocolo. Suas vantagens: não depende de luz elétrica, baixo custo, facilidade de transporte, é indicado para estudos de grandes populações. Suas desvantagens: difícil monitoramento da PA, contra-indicado para indivíduos obesos devido à ação dos microtraumatismos, a altura do banco em alguns protocolos para o público feminino poderá induzir a um fator antropométrico limitante. O ciclo-ergômetro pode ser classificado de dois métodos, um é de acordo com a frenagem e o outro é de acordo com a constância do nível de potência[41]. Existem dois tipos de frenagem: a mecânica e a elétrica que atuam de maneira similar. Quanto ao controle de potência, um é constante, independente da velocidade do pedal e no outro ocorre modificações na potência conforme varia a velocidade do pedal. Suas vantagens: permitir pequenos aumentos de cargas, maior facilidade de registro do ECG, maior facilidade para medir a PA durante o exercício. Suas desvantagens: envolvem menor massa muscular durante o exercício físico que a esteira, fadiga precoce do quadríceps femural antes que o nível adequado do exercício tenha sido atingido, requer que o indivíduo saiba pedalar.

Na esteira, existem duas variáveis de sobrecarga: a velocidade, observa-se uma velocidade mínima de 1,6 km/h e máxima de 20 km/h (em algumas esteiras); e o ângulo de inclinação pode variar de zero a 24%. O tapete da esteira deve ter no mínimo 127 cm de comprimento e 40,64 cm de largura. Além disso, ela deve ser capaz de suportar diferentes pesos corpóreos de até 157,5 kg, recomenda-se ainda a presença de apoios frontais e laterais[42]. Suas vantagens: usa um tipo comum de exercício, utiliza uma massa muscular maior e causa menor estresse ao sistema cardiovascular. Suas desvantagens: custo alto na aquisição e manutenção, maior dificuldade de registro de ECG e PA, dificuldade de transporte e o peso corporal interfere no trabalho físico realizado. Os resultados de $\dot{V}O_2$ máx. alcançado na esteira são em média 18% maior que no ciclo-ergômetro[40].

Para cada atividade existem determinados testes e de variadas formas, o que nos permite realizar uma adequada seleção para aplicação, dependendo dos objetivos que foram traçados para os grupos[5]. Existem três formas de submissão do sistema cardiovascular ao estresse: os testes isométricos, os dinâmicos e a combinação destes[1]. Os testes dinâmicos impõem uma atividade muscular rítmica, motivo pelo qual este tipo de teste é mais utilizado.

Os protocolos laboratoriais dinâmicos podem ser divididos em testes em que se utilizam múltiplos estágios com cargas progressivas, e os testes de *steady-state*[43]. Os testes onde os indivíduos são levados ao *steady-state* são utilizados para acessar a função cardiopulmonar sob condições de demanda metabólica constante. Skinner (1991) propõe cinco requisitos destinados aos testes para medir o $\dot{V}O_2$ máximo:

1- O trabalho deve envolver grandes grupos musculares.
2- O trabalho deve ser mensurável e reproduzível.
3- As condições do teste devem ser comparáveis e reproduzíveis.
4- O teste deve ser tolerável pelos indivíduos a ele submetidos.
5- A eficiência mecânica necessária para a execução da tarefa deve ser a mais uniforme possível dentre a população testada.

Os testes podem ser classificados em Diretos ou Indiretos e máximos e submáximos. Denominamos diretos quando o consumo de oxigênio é analisado através de um analisador de gases respiratórios, e indiretos quando o consumo de oxigênio é calculado a partir da FC, distância percorrida e carga, o resultado é obtido por meio de uma equação de regressão ou através de normogramas. Os máximos são aqueles em que os indivíduos são induzidos a esforços, de forma que alcancem o seu maior nível de metabolismo, fazendo com que o esforço seja realizado acima de 90% da sua FC máxima; e submáximos, aqueles em que os indivíduos atuam com esforços entre 75% e 90% da sua FC máxima[41]. Encontra-se grande dificuldade na reprodutibilidade dos resultados obtidos em um teste máximo[44]. Em contrapartida, os submáximos são mais facilmente reprodutíveis, posto que os determinantes do término do teste são um ponto fixo como a carga, FC ou PA[9]. Os testes de esforço máximo são clinicamente mais úteis para diagnóstico de DAC em indivíduos assintomáticos[9].

• **Método direto**

Para medir o $\dot{V}O_2$ máx. através do método direto, precisa-se de instrumentos especializados e de alto custo, com os quais pode-se medir com precisão a concentração de gases inspirados durante os exercícios. Com isso, obtém-se a medida de oxigênio consumido e do CO_2 produzido durante o exercício. Tais equipamentos, conhecidos como analisadores de gases, permitem a realização de estudos mais aprofundados e uma adequada exploração dos resultados obtidos [5]. A análise das trocas gasosas durante um teste de esforço, conhecida como calorimetria indireta ou ainda como ergoespirometria, consiste em um meio não invasivo de obtenção das grandezas respiratória como:

ventilação ($\dot{V}_E$), volume corrente (V_T), freqüência respiratória (FR), captação de O_2 ($\dot{V}O_2$), eliminação de CO_2 ($\dot{V}O_2$), taxa de troca respiratória (R), equivalente ventilatório de O_2 ($\dot{V}_E / \dot{V}O_2$) e o equivalente ventilatório de CO_2 ($\dot{V}_E / \dot{V}O_2$)[11].

• **Método indireto**

Utilizam-se de um ou mais parâmetros, que não seja a coleta direta de gases para estimar o $\dot{V}O_2$ máx. Geralmente, estes parâmetros são: a FC, distância percorrida, tempo ou carga de trabalho, onde são aplicadas em modelos matemáticos[5, 41, 45, 46].

Referências Bibliográficas

1 - FROLICHER, V. F.; MYERS, J.; FOLLANSBEE, W.P & LABOVITZ, A.J. **Exercício e o coração.** 3ª edição, Rio de Janeiro. Revinter, 1998.

2 - DENADAI, B. S. Consumo máximo de oxigênio fatores determinantes e limitantes. **Revista Brasileira de atividade física.** Paraná, V1, nº 1, pp. 85-94, 1995.

3 - McARDLE, W. D; KATCH, F. I. & KATCH, V. L. **Fisiologia do exercício: Energia, Nutrição e Desempenho Humano.** Ed Guanabara Koogan, 5ª edição, Rio de Janeiro, 2003.

4 - FOSS, M. L & KETEYIAN, S. J. **Bases fisiológicas do exercício e do esporte.** 6ª edição. Rio de Janeiro. Guanabara Koogan, 2000.

5 - LUCIC, I. A. D. **Análisis comparativo del $\dot{V}O_2$ máximo estimado, mediante la aplicación de las pruebas de campo test de 12 minutos de cooper, test de naveta y test de 2400 metros de carrera, en estudiantes universitarios varones entre 18 y 20 años.** 137 f. Dissertação de Mestrado (Programa de *strictu-sensu* em Ciência da Motricidade Humana) Universidade Taparacá – Chile. 2002.

6 - BURNLEY, M *et alii*. Effects of prior heavy exercise on $\dot{V}O_2$ kinetics during heavy exercise are related to changes in muscle activity. **J. Appl. Physiol.** 2002, 93: 167-174.

7 - GRASSI, B. *et alii*. Role of convective O_2 delivery in determining $\dot{V}O_2$ on kinetics in canine muscle contracting at peak $\dot{V}O_2$. **J. Appl. Physiol.** 2000, 89: 1293-1300.

8 - POWERS, S. & HOWLEY E. **Fisiologia do exercício, teoria a aplicação ao condicionamento e ao desempenho.** São Paulo, Ed. Manole, 2000.

9 - AMERICAN COLLEGE OF SPORTS MEDICINE. Manual de pesquisa das Diretizes do ACSM para os testes de esforço e sua prescrição. 4ª edição, Rio de Janeiro: Guanabara, 2003.

10 - BILLAT, V. L. *et al.* The $\dot{V}O_2$ slow component for severe exercise depends on type of exercise and is not correlated with time to fatigue. **J. Appl. Physiol.** 1998, 85(6):2118-2124.

11 - SANTOS, E. L. **Redes neurais aplicadas a grandezas ergo-espirométricas de cardiopatas chagásicos crônicos.** 180 f. Dissertação de Mestrado (COPPE) Universidade Federal do Rio de Janeiro, Rio de Janeiro, Brasil, 1999.

12 - RILEY, M.S; COOPER, C. B. Ventilatory and gas exchange responses during heavy constant work-rate exercise. **Med. Sci. Sport Exerc.** 2002: 98-104.

13 - LEITE, Paulo F. **Fisiologia do exercício, ergometria e condicionamento físico.** 4ª ed. São Paulo, Robe, 2000.

14 - SIETSEMA, K. E; DALY, J. A; WASSERMAN, K. Early dynamics of O_2 uptake and heart rate as affected by exercise work rate. **J. Appl. Physiol**, 1989 67(6): 2535-2541.

15 - GUYTON, A. C. **Fisiologia Humana.** 6ª edição, Rio de Janeiro, Guanabara, 1988.

16 - AMERICAN COLLEGE OF SPORTS MEDICINE. **ACSM's Guidelines for exercise testing and prescription.** 6ª ed. Baltimore, Humam Kinetics, 2000.

17 - BEARDEN, S.E. & MOFFATT, R.J. $\dot{V}O_2$ kinetcs and the O_2 déficit in heavy exercise. **J. Appl. Physiol.** 88:1407-1412, 2000.

18 - LAFORGIA, J. *et alii.* Comparison of energy expenditure elevations after submaximal and supramaximal running. **J. Appl. Physiol.** 1997, 82(2): 661-667.

19 - ÂSTRAND, P-O. **Tratado de fisiologia do exercício.** 2ª ed., Rio de Janeiro: Guanabara, 1987.

20 - SILVA, P. R. S e Col. A importância do limiar anaeróbico e do consumo máximo de oxigênio ($\dot{V}O_2$ max.) em jogadores de futebol. V3. **Âmbito medicina desportiva.** São Paulo. 1998. pp.15-24.

21 - SKINNER, J.S. **Prova de esforço e prescrição de exercício para casos específicos.** Revinter. Rio de Janeiro, 1991.

22 - MACHADO, A. F. **A eficiência da pedaleira na predição do $\dot{V}O_2$ máximo durante o Teste de cicloergometro sub-máximo de Astrand.** 44 f. Monografia (Pós-Graduação *Lato Sensu* em Fisiologia do esforço) Pro-Reitoria de Pesquisa e Pós-Graduação, Universidade Castelo Branco, 2001.

23 - KLAUSEN, K.; KNUTTGEN, H.G; FORSTER, H.V. Effect of pre-existing high blood lactate concentration on maximal exercise performance. **Scandinavian Journal of Clinical and Laboratory Investigation.** V. 30, pp. 415-419, 1972.

24 - FAULKNER, J. A. *et al.* Cardiovascular responses to submaximum and maximum effort cycling and running. **J. Appl. Physiol.** 1971, 30(4): 457-461.

25 - SUTTON, J.R. $\dot{V}O_2$ max. new concepts an old theme. **Med. Sci. Sports. Exerc.** 1992, 24(1): 26-29.

26 - DOIMO, L.A; MUTARELLI, C. & KISS, M.A.P.D.M. Ergometria em crianças e Adolescentes.

Âmbito medicina desportivo. V.9, São Paulo, 1998, pp. 09-14.

27 - MARGARIA, R; CERRETELL, P; AGHEMO, P; SASSI, G. The effects of running speed on the metabolic and mechanical. **J. Appl. Physiol;** 1963, 18: 367-70.

28 - ARMSTRONG., N & WELSMAN, J.R. Assessment and interpretation of **aerobic** Fitness in children and adolescents. **Exercise and Sport Sci. Reviews:** 1994,. v.22, pp. 435-476.

29 - MIRWALD, R.L. & BAILEY, D. A. **Maximal aerobic power.** London: Sports Dynamics, 1986.

30 - ÄSTRAND, P-O. Aerobic capacity in mem and women with special reference toage. **Acta Physiological Scandinava:** 1960, v. 49, pp.1-92.

31 - WEINECK, J . **Biologia do esporte.** 2ª ed. São Paulo. Manole, 2000.

32 - POLLOCK, M. L. & WILMORE, J. H. **Exercícios na doença – avaliação e prescrição para prevenção e reabilitação.** 2ª ed. Rio de Janeiro. Medsi 1993.

33 - STORER, T. W; DAVIS, J. A; CAIOZO, V. J. Accurate prediction of $\dot{V}O_2$ max in cycle ergometry. **Med. Scien. Sports Exerc.** 1990, 22(5): 704-712.

34 - WASSERMAN, K. *et al.* **Principles of exercise testing and interpretation.** Philadelphia. Lea, Febiger, 1999.

35 - GIBSON, A. S. T. C; LAMBERT, M; HAWLEY, J. A; BROOMHEAD, S. A; NOAKES, T. D. Measurement of maximal oxygen uptake from two different laboratory protocols in runnersand squash players. **Med. Sci. Sport Exerc.** 1999: 1226-29.

36 - SHEPHARD, R.J. A gold standard for submaximal aerobic tests. **Can. J. Sport Sci.** 1992, 17(2): 154.

37 - WASSERMAN, K; HANSEN, J. E; SUE, D.Y; WHIPP, B. J.; CASABURI, R. **Principles of exercise Testing and Interpretation.** 2ª edição, Philadelphia: Lea & Febiger, 1994.

38 - CHURCH, T.S *et alii*. Evaluating the Reproducibility and Validity of the aerobic adaptation test. **Med. Sci. Sport Exerc.** 2001, V.33 (10): 1770-1773.

39 - HEYWARD, V. **Evaluación y prescripción del ejercicio.** Ed. Paidotribo. Barcelona. 1996.

40 - NEVES, C. E. B. & SANTOS, E. L. **Avaliação Funcional.** Rio de Janeiro. Ed. Sprint, 2003.

41 - FERNANDES FILHO, José. **A prática da avaliação física.** 2ª ed. Rio de Janeiro, Shape, 2003.

42 - GUIMARÃES, J. I. Normatização de técnicas e equipamentos para realização de exames em ergometria e ergoespirometria. **Arq. Brás. Cardiol,** v. 80, São Paulo, 2003, 458-64.

43 - RUPPEL, G. **Manual of pulmonary Function testing.** Philadelfia. Mosby, 1994.

44 - ARAÚJO, C. G. S. **Manual de testes de esforço.** 2ª ed., Rio de Janeiro: Ao Livro Técnico, 1984.

45 - ALMEIDA, M. B. & ARAÚJO, C.G.S. Efeitos do treinamento aeróbico sobre a freqüência cardíaca. **Rev. Bras. Med Esp,** v. 9, nº 2, mar/abr. 2003.

Capítulo 4

Testes Físicos

A avaliação física é uma prática comum e apropriada nos programas de treinamento, exercícios físicos e de reabilitação, os objetivos dos testes incluem: (1) fornecer dados para o desenvolvimento do programa de exercício físico, (2) acompanhamento do programa para avaliar o progresso do praticante, (3) motivar os participantes, através de metas razoáveis e alcançáveis e (4) estratificação dos riscos.

Estratificação de risco

Durante o exame clínico que antecede o teste de esforço é realizada a estratificação de risco, aonde se irá determinar a necessidade ou não da supervisão médica (Tabela 4.1) e também estimar o risco de submeter o avaliado a um esforço máximo ou submáximo. O American College of Sports Medicine[1] estabeleceu critérios que contra-indicam ou restringem o teste de esforço em alguns casos, descritos abaixo:

Contra-indicações relativas:
- PA diastólica em repouso > 115 mmHg ou PA sistólica em repouso > 200 mmHg.
- Doença cardíaca valvular moderada.
- Marcapasso de ritmo fixo.
- Aneurisma ventricular.
- Doença metabólica não controlada (Diabetes Mellitus).
- Doença infecciosa crônica.

- Desordens neuromusculares.
- Anormalidades eletrolíticas conhecidas.
- Gravidez avançada ou com complicações.

Contra indicações absolutas:
- Alterações significativas no ECG que sugerem um IM.
- Complicações recentes de IM.
- Angina instável.
- Arritmia ventricular não controlada.
- Arritmia atrial não controlada comprometendo a função cardíaca.
- Bloqueio AV de 3º grau sem marcapasso.
- Insuficiência cardíaca congestiva aguda.
- Estenose aórtica severa.
- Aneurisma dissecante conhecido ou suspeitado.
- Miocardite ou pericardite ativa ou suspeitada.
- Tromboflebite ou trombos intracardíacos.
- Embolia pulmonar ou sistêmica recente.
- Infecção aguda.
- Estresse emocional significativo.

Tabela 4.1 – Recomendação para presença médica durante o teste de esforço[1].

	Aparentemente saudáveis		Risco aumentado		Doença conhecida
Teste	Jovem	Idoso	Assintomático	Sintomático	
Submáximo	Não	Não	Não	Sim	Sim
Máximo	Não	Sim	Sim	Sim	Sim

Após determinado o tipo de teste (máximo ou submáximo), o professor deve estabelecer e conhecer os critérios que indicarão a interrupção do teste[1].

Critérios de interrupção:
- O avaliado pede para encerrar o teste.
- FC alvo atingida.
- Limitações físicas (exaustão).
- Náusea e vômito.
- Claudicação introduzida pelo exercício.
- Palidez intensa.
- PAS > 250 mmHg.
- PAD > 120 mmHg em normotensos.
- PAD > 140 mmHg em hipertensos.
- Dispnéia severa e desproporcional à intensidade do exercício.
- Desconforto músculo-esquelético intenso.
- Taquicardia ventricular.
- Redução da FC e PA com o aumento do esforço.
- Instabilidade emocional.
- Perda da qualidade do exercício.
- Falha dos equipamentos.
- Aumento progressivo da duração QRS.
- Fribilação ou taquicardia atrial.
- Aumento do grau de bloqueio A-V, de 2º e 3º graus.
- Manifestações clínicas de desconforto torácico com aumento da carga que se associa com alterações do ECG ou outros sintomas.

Para a realização do teste o avaliado deve seguir algumas normas (descritas abaixo) com objetivo de minimizar quaisquer riscos:
- Trazer caso possua um ECG de repouso, recente.
- Ter uma noite repousante e evitar atividade física intensa no dia que antecede o teste.
- Evitar fumar nas 4 horas que antecede o teste.
- Intervalo mínimo de 2 horas entre o teste e a última refeição.

- Comunicar qualquer tipo de alteração no estado de saúde nas últimas 24 horas que antecede o teste.

Testes aeróbios

Teste de caminhada de 3 km[2]

Consiste em caminhar num plano horizontal uma distância de 3 km. Registra-se o tempo total da caminhada em minutos, o resultado é expresso em $ml.kg^{-1}.min^{-1}$.

$$\dot{V}O_2 \text{ máx.} = 0,35 \times V^2 + 7,4$$

Onde:
v = velocidade média em km/h
t = tempo em minutos do percurso

$$V = \left(\frac{3000}{t} \times 60\right) / 1000$$

Teste de caminhada de 1.200 metros - Canadian Aerobic fites test[3]

Consiste em caminhar num plano horizontal uma distância de 1.200 metros. Após o teste afere-se a freqüência cardíaca (FC). O resultado é expresso em $l.min^{-1}$.

$$\dot{V}O_2 \text{ máx.} = 6,952 + (0,0091 \times Mc) - (0,0257 \times I)$$
$$+ (0,5955 \times S) - (0,2240 \times T) - (0,0115 \times FC)$$

Onde:
Mc = massa corporal (kg)
I = idade em anos

S = (1) masculino ou (0) feminino
T = tempo gasto na caminhada em minutos
FC = freqüência cardíaca da última volta

Teste de Cooper - 12 minutos[4]

Consiste em percorrer a maior distância possível em 12 minutos de corrida (preferencialmente) e/ou caminhada. O resultado é a distância percorrida anotada e, a partir dela é realizada a estimativa do consumo de oxigênio.

$$\dot{V}O_2 \text{ máx.} = \frac{D\ (m) - 504}{45}$$

D = distância percorrida em metros
$\dot{V}O_2$ expresso em ml.kg^{-1}.min^{-1}

Teste de 1.000 metros[2]

O teste consiste em percorrer correndo a uma distância de 1.000 metros no menor tempo possível. O resultado é o tempo da distância percorrida em minutos, transformada em segundos. A partir do tempo é realizada a estimativa do consumo de oxigênio.

$$\dot{V}O_2 \text{ máx.} = \frac{652,17 - T}{6,762}$$

onde:
$\dot{V}O_2$ expresso em ml.kg^{-1}.min.$^{-1}$
T = tempo em segundos

Observações: O avaliado deve continuar caminhando progressivamente até parar, por 3 a 5 minutos após o encerramento do teste. O local ideal para a realização do teste seria a pista de atletismo, mas outros locais, como quadra de esportes, parques, ou trechos com distâncias conhecidas, geralmente são usados como alternativa. Os locais com terrenos planos são mais preferidos.

Teste de 2.400 metros[3]

O teste consiste em percorrer correndo (preferencialmente) e/ou caminhando a uma distância de 2.400 metros no menor tempo possível. O resultado é o tempo da distância percorrida em minutos, transformada em segundos. A partir do tempo é realizada a estimativa do consumo de oxigênio.

$$\dot{V}O_2 \, \text{máx.} = \frac{D \, (m) \times 60 \times 0,2 + 3,5}{T}$$

Onde:
D = distância em metros
T = tempo em segundos
$\dot{V}O_2$ expresso em $ml.kg^{-1}.min^{-1}$

Observação: Neste teste seguimos as mesmas orientações do teste anterior.

Teste de Balke - 15 minutos[3]

O teste consiste em percorrer a maior distância possível durante 15 minutos correndo (preferencialmente) e/ou caminhando.

A faixa etária pode variar de 15 a 50 anos, indicados para indivíduos já condicionados ou atletas em função do tempo de teste. O resultado é expresso em $ml.kg^{-1}. \, min^{-1}$.

$$\dot{V}O_2 \text{máx.} = 33 + [0,178 \, (\text{Vm} - 133)]$$

Onde:
vm = velocidade média
Vm = D / Mc
D = distância percorrida em metros
Mc = massa corporal em kg

Teste de Rockpoort[5]

Consiste em percorrer distância de uma milha (1.609 metros), no menor tempo possível. Registra-se o tempo como também a freqüência cardíaca no final do teste. O resultado é expresso em $ml.kg^{-1}.min^{-1}$.

$$\dot{V}O_2 \text{máx.} = 132.6 - (0.17 \times \text{Mc}) - (0.39 \times \text{Id}) + (6.31 \times \text{S}) - (3.27 \times \text{t}) - (0.156 \times \text{FC})$$

Onde:
Mc = massa corporal em kg.
Id = idade em ano
S = sexo, 0 = mulheres e 1 = homens
t = tempo em minutos
FC = freqüência cardíaca

Teste dos 5 minutos[5]

Consiste em percorrer a distância máxima possível em 5 minutos de corrida contínua. Registra-se a distância percorrida no final do tempo. O resultado é expresso em $ml.kg^{-1}.min^{-1}$.

$$\dot{V}O_2 \text{máx.} = 340.6 - 34.14 \times \text{V} + 1.01 \times \text{V}^2$$

Onde:
V = velocidade em km/h.

Teste de corrida de Ribisi & Kachodorian[5]

Indicado para indivíduos com um alto nível de aptidão física, não importando a idade. Consiste em percorrer uma distância de 3.200 metros correndo no menor tempo possível. O resultado é expresso em ml.kg⁻¹. min⁻¹.

$\dot{V}O_2$ máx. = 114.496 − 0.04689 (t) − 0.37817 (Id) − 0.15406 (Mc)

Onde:
t = tempo em segundos
Id = idade em anos
Mc = massa corporal em kg

Teste de 6 minutos de corrida contínua[5]

Indicado para meninos e meninas entre 10 e 14 anos de idade. Consiste em percorrer a maior distância possível durante os 6 minutos de corrida contínua. O resultado é expresso em l.min⁻¹.

$\dot{V}O_2$ máx. (meninos) = D / T x 0.118 + 17.8
$\dot{V}O_2$ máx. (meninas) = D / T x 0.131 + 16.6

Onde:
D = distância em metros.
T = tempo em minutos.

Teste em esteira rolante

Teste submáximo de 6 minutos [15]

Consiste no avaliado correr a uma velocidade de 8 km/h durante um período de 6 minutos, onde a FC deverá ser monitorada continuamente durante todo o teste e registrada a cada 30 segundos. Este protocolo foi desenvolvido e validado em jovens entre 18 e 25 anos do sexo masculino, obtendo um r = 0,89, r^2 = 0,80 e SE = 146,68 ml.min^{-1}. O resultado é expresso em l.min^{-1}.

$$\dot{V}O_2 max = 4,62 + 0,02 \ (\Delta FC_{6min}) - 0,02 \ (FC_R) + 0,01 \ (D_{HR}) - 0,01 \ (\Delta FC_{5min})$$

Onde:

FC_R = Representa a FC de repouso.

ΔFC_{6min} = Corresponde a variação da FC entre o quinto e sexto minutos de teste, sendo a FC obtida nos últimos 30 segundos do sexto minuto menos a FC obtida nos últimos 30 segundos do quinto minuto.

ΔFC_{5min} = Corresponde a variação da FC entre o quarto e quinto minutos de teste, sendo a FC obtida nos últimos 30 segundos do quinto minuto menos a FC obtida nos últimos 30 segundos do quarto minuto.

D_{HR} = Déficit cronotrópico, reflete o atraso da resposta cronotrópica

Cálculo da variável D_{HR}:

A - Subtrai-se a FC obtida nos últimos 30 segundos de teste pela FC de repouso e multiplica-se por 6.

B - Soma-se todas as FC obtidas a cada 30 segundos de teste e multiplica-se por 6 e depois divide-se por 12.

C - Multiplica-se a FC de repouso por 6.

Onde:

$$D_{HR} = A - (B - C)$$

Teste máximo de Ellestad[16]

A velocidade pode variar de 2,7 km/h a 12,8 km/h, a inclinação e de 10% nos quatro primeiros estágios que sua duração pode variar também de 2 a 3 minutos e no quinto minuto haverá um incremento na inclinação de 5 %, até o final do teste. Este protocolo é indicado para indivíduos idosos por permitir uma variabilidade na velocidade. O resultado é expresso em $ml.kg^{-1}.min^{-1}$.

$$\dot{V}O_2máx. = 4,46 + (3,933xT)$$

Onde:
T = Tempo de teste em minutos

Teste máximo de Bruce[13]

Com estágios de 3 minutos, velocidade inicial de 2,7 km/h e inclinação inicial de 10 % ocorrerá incrementos de 1,3 km/h e 2 % a cada estágio até a exaustão voluntária ou aparecimento de algum sinal ou sintoma. O resultado é expresso em $ml.kg^{-1}.min^{-1}$.

$$\dot{V}O_2 \text{ máx.} = 6,14 + 3,26xT$$

Onde:
T = tempo total do teste em minutos

Teste máximo de Balke[6]

A velocidade mantém-se constante a 5,5 km/h, a cada estágio de 2 minutos haverá aumentos de 2 % na inclinação. O resultado é expresso em $ml.kg^{-1}.min^{-1}$.

$$\dot{V}O_2 \text{ máx.} = 1,75xI + 10,5$$

I = inclinação expressa em %

Teste máximo de Naughton[17]

Com estágios de 3 minutos de duração e pequenos aumentos de velocidade a cada estágio e também uma diminuição da inclinação em alguns estágios, este protocolo é indicado para indivíduos de baixo condicionamento físico (Tabela 4.2).

Tabela 4.2 – Protocolo de Naughton

Estágio	Velocidade (km/h)	Inclinação (%)	$(VO_2 máx.ml.kg^{-1}.min^{-1})$
1	3,2	7,0	14,0
2	3,2	10,5	17,5
3	3,2	14,0	21,0
4	4,8	10,0	24,5
5	4,8	12,5	28,0
6	5,5	12,0	31,5
7	5,5	14,0	35,0
8	5,5	16,0	38,5
9	5,5	18,0	42,0

Teste máximo protocolo de Rampa[18]

O protocolo de rampa proporciona aumento de carga de forma contínua, o estágio inicial de baixa carga para o aquecimento. Seqüencialmente o aumento progressivo da carga de trabalho varia de acordo com a capacidade individual de cada um, estimada previamente, procurando-se alcançar a capacidade máxima aeróbia em aproximadamente 10 minutos em média (8 a 12 minutos).

Vantagens

• Individualização do teste.
• Boa adaptação ao trabalho.

Desvantagem

• Necessidade de sistemas computadorizados.

$$\dot{V}O_{2\,máx} = 0{,}72 \times (\dot{V}O_2\,Previsto) + 3{,}67\ ml/kg/min$$

Determinação do VO$_2$ máximo a partir da estimativa do tempo de uma corrida

O professor ainda pode determinar o $\dot{V}O_2$ máximo ($\dot{V}O_2$ expresso em ml.kg^{-1}.min^{-1}) pelo tempo de uma corrida recente para as distâncias de: 1,5 km, 5 km, 10 km, ½ maratona e Maratona. Primeiramente identifique a coluna referente a prova na tabela 4.3, depois localize o tempo mais próximo da corrida e posteriormente localize o valor referente a linha na coluna do VO$_2$ máximo.

Tabela 4.3 – Determinação do $\dot{V}O_2$ máximo a partir dos resultados de uma corrida de 1,5 km, 5 km, 10 km, ½ Maratona e Maratona (VO$_2$ expresso em ml.kg^{-1}.min^{-1}).

1,5 km	5 km	10 km	½ Maratona	Maratona	VO$_2$ máx.
8min58s	32min11s	1h08min53s	2h27min52s	5h29min36s	30
7min36s	27min26s	59min59s	2h05min54s	4h41min18s	36
6min54s	25min	51min57s	1h54min43s	4h16min41s	40
6min04s	22min07	45min56s	1h41min25s	3h47min19s	46
5min37s	20min33s	42min42s	1h34min13s	3h31min26s	50
5min03s	18min36s	38min39s	1h25min15s	3h11min36s	56
4min45s	17min31s	36min22s	1h20min13s	3h27min	60
4min29s	16min33s	34mn22s	1h15min47	2h50min36s	64
4min14s	15min41s	32min35s	1h11min50s	2h41min51s	68

Classificação do condicionamento físico

A avaliação do condicionamento físico da forma quantitativa nos permite direcionar o trabalho de maneira segura para que o aluno ou cliente possa atingir o objetivo almejado em menor tempo. Já a medida qualitativa classifica os resultados do teste, seja direto ou indireto de maneira que o avaliado é enquadrado e comparado a um grupo de mesmo gênero e faixa etária.

O principal interesse no esporte de alto rendimento e o resultado final, diferente dos que praticam atividade física de maneira recreativa ou com objetivo de melhorar a qualidade de vida[19]. As tabelas 4.4, 4.5, 4.6 e 4.7 classificam o condicionamento físico segundo idade, sexo e nível de condicionamento[20].

Tabela 4.4 – Classificação do condicionamento físico (VO_2 máximo) para homens sedentários (VO_2 expresso em $ml.kg^{-1}.min^{-1}$)

Idade (anos)	Muito Fraco	Fraco	Regular	Bom	Excelente
20-29	< 36	36 – 42	43 – 45	46 – 49	> 49
30-39	< 34	34 – 38	39 – 41	42 – 45	> 45
40-49	< 30	30 – 33	34 – 35	36 – 39	> 39
50-59	< 27	27 - 31	32 - 34	35 - 38	> 38

Tabela 4.5 – Classificação do condicionamento físico (VO_2 máximo) para mulheres sedentárias (VO_2 expresso em $ml.kg^{-1}.min^{-1}$)

Idade (anos)	Muito Fraco	Fraco	Regular	Bom	Excelente
20-29	< 30	30 – 34	35 – 36	37 – 41	> 41
30-39	< 29	29 – 33	34 – 35	36 – 38	> 38
40-59	< 25	25 - 29	30 - 32	33 - 34	> 34

Tabela 4.6 – Classificação do condicionamento físico (VO_2 máximo) para homens atletas (VO_2 expresso em ml.kg^{-1}.min^{-1})

Idade (anos)	Muito Fraco	Fraco	Regular	Bom	Excelente
20-29	< 53	53 – 56	57 – 61	62 – 66	> 66
30-39	< 50	50 – 54	55 – 58	59 – 61	> 61
40-49	< 49	49 – 53	54 – 55	56 – 59	> 59
50-59	< 44	44 - 48	49 - 53	54 - 56	> 56

Tabela 4.7 – Classificação do condicionamento físico (VO_2 máximo) para homens sedentários (VO_2 expresso em ml.kg^{-1}.min^{-1})

Idade (anos)	Muito Fraco	Fraco	Regular	Bom	Excelente
20-29	< 43	43 – 48	49 – 51	52 – 54	> 54
30-39	< 45	45 – 49	50 – 51	52 – 56	> 56
40-59	< 39	39 - 42	43 - 46	47 - 49	> 49

Testes anaeróbios

O ácido láctico, hoje, não é mais o culpado por uma série de problemas relacionados a performance do atleta, como: fadiga precoce, dor muscular tardia e as cãibras[21]. Ele na verdade tem funções importantes no metabolismo, tornando-se uma substância essencial usada para fornecer energia e eliminar o carboidrato dietético durante a produção de glicose a partir do sangue, do glicogênio a partir do fígado e do aumento da resistência em situações de extremo estresse[22].

As teorias do paradoxo da glicose[23] e do transporte de ácido láctico[21,24] têm sido responsáveis por essa nova visão sobre o ácido láctico. As duas teorias reconhecem que o acúmulo de ácido láctico no músculo podem interferir no processo de contração muscular e na produção de energia necessária para essa contração e que o ácido láctico se metaboliza muito rapidamente e que sua quantidade no sangue e no músculo é muito menor que quando comparada a quantidade que é formada e eliminada[25].

O preparador físico deve saber lidar de forma eficaz com o ácido láctico, o principal objetivo da estratégia de treinamento deve ser diminuir sua produção e aumentar sua eliminação[26]. A formação do ácido láctico, assim como a velocidade de sua eliminação são um reflexo do metabolismo de acordo com a velocidade de absorção do oxigênio e pela concentração de ácido láctico no sangue[25,26].

Com isso o treinamento de alta intensidade irá maximizar as adaptações necessárias para o aumento da captação de oxigênio pela célula, através de um maior fornecimento de oxigênio para os músculos o que acarretará em menor dependência do metabolismo do carboidrato.

O treinamento prolongado submáximo induz a adaptações musculares periféricas, reduzindo a velocidade de formação do ácido láctico e aumentando a velocidade de sua eliminação.

A performance é dependente de uma série de fatores, onde podemos destacar os sistema metabólico, sistema neuromuscular, preparação técnica, tática, psicológica, equipamentos, entre outros. E com isso os testes de determinação da resposta do lactato, que utilizam-se de protocolos específicos que reproduzam ou que sejam bem próximos da situação de competição irão nos fornecer parâmetros mais fidedignos quanto às reais condições do atleta.

Existem dois métodos para se obter a resposta do lactato ao exercício do método direto, onde são colhidas amostras de sangue do atleta durante o treinamento, o que nos permite ter informações precisas sobre a intensidade do treinamento ministrado. E o método indireto, que utiliza-se de equações de predição para determinação do estresse imposto ao organismo. Para a interpretação da resposta do lactato sanguíneo primeiramente temos que conhecer suas terminologias e aplicações fisiológicas. Para os valores de repouso (base line) sua concentração pode variar de 0,5 a 1,0 mM[27].

O limiar de lactato (LL) é considerado como o ponto em que a intensidade do exercício antecede ao aumento exponencial do lactato no sangue[28].

O limiar aeróbio (LAer), corresponde a intensidade do exercício que provoca um aumento de 2 mM de lactato no sangue[29].

Limiar anaeróbio, corresponde a intensidade do exercício que provoca um aumento de 4 mM de lactato no sangue[29].

Limiar anaeróbio individual (IAT), corresponde a intensidade do exercício onde a concentração sanguínea de lactato é máxima e igual a taxa de difusão do lactato do músculo em atividade[30].

O LL é uma das variáveis fisiológicas mais significantes para performance em corridas de longa distância, pois ela reflete o início da acidose metabólica e quanto mais alto for o seu valor melhor será o condicionamento do atleta[31]. Quanto maior for o ponto de LL maior será o retardo do início da acidose metabólica e com isso a capacidade do organismo do atleta em remover o lactato está otimizada o que conseqüentemente irá melhorar sua performance[29].

Determinação indireta do limiar de lactato (LL) em corrida

1) LL [32] = 124 − 0,83 x T1 + 0,202 + T2

LL (mM) = intensidade correspondente ao acúmulo progressivo de lactato.
T1 = distância percorrida em metros no teste de 40 segundos.
T2 = distância percorrida em metros no teste de 5 minutos.

2) Vm LL (m/mim) [33] = − 2,58 x (T1+ 165,5)

Vm LL (m/mim) = velocidade média correspondente à intensidade do limiar de lactato em metros por minuto.
T1 = tempo gasto em minutos para percorrer 3.200 metros.

Referências Bibliográficas

1 - AMERICAN COLLEGE OF SPORTS MEDICINE. **ACSM's Guidelines for exercise testing and prescription.** 6ª ed. Baltimore, Humam Kinetics, 2000.

2 - FERNANDES FILHO, José. **A prática da avaliação física.** 2ª ed. Rio de Janeiro, Shape, 2003.

3 - MARINS, J. C. B; GIANNICHI, R. S. **Avaliação e prescrição de atividade física: guia prático.** 2ª ed. Rio de Janeiro, Shape, 2003.

4 - COOPER, K. **The new aerobics.** Evans and Company, New York. 1970.

5 - LUCIC, I. A. D. **Análisis comparativo del $\dot{V}O_2$ máximo estimado, mediante la aplicación de las pruebas de campo test de 12 minutos de cooper, test de naveta y test de 2400 metros de carrera, en estudiantes universitarios varones entre 18 y 20 años.** 137 f. Dissertação de Mestrado (Programa de *strictu-sensu* em Ciência da Motricidade Humana) Universidade Taparacá – Chile. 2002.

6 - ARAÚJO, C. G. S. **Manual de testes de esforço.** 2ª edição, Rio de Janeiro. Ao Livro Técnico, 1984.

7 - MATHEWS, D. K. **Medida e avaliação em Educação Física.** 5ª edição, Rio de Janeiro. Editora Guanabara, 1980.

8 - SKUBIC, V; HODGHINS, J. Cardiovascular efficiency test for girls and women. **Research Quart.**, 1963, 34:2, 191.

9 - McARDLE, W. D; KATCH, F. I. & KATCH, V. L. **Fisiologia do exercício: Energia, Nutrição e Desempenho Humano.** Ed. Guanabara Koogan, 5ª edição, Rio de Janeiro. 2003.

10 - ÂSTRAND, P-O. **Tratado de fisiologia do exercício.** 2ª ed., Rio de Janeiro: Guanabara, 1987.

11 - FOSS, M. L & KETEYIAN, S. J. **Bases fisiológicas do exercício e do esporte.** 6ª edição. Rio de Janeiro. Guanabara Koogan, 2000.

12 - ADAMS, G.M. **Exercise Physiology: Laboratory manual.** 2ª edition. California. Brown and Benchmark, 1994.

13 - BRUCE, R.A. Methods of exercise testing. **Am. J. Cardiol.** 1974. (33)1: 59-67.

14 - STORER, T. W; DAVIS, J. A; CAIOZO, V. J. Accurate prediction of $\dot{V}O_2$ max in cycle ergometry. **Med. Scien. Sports Exerc.** 1990, (22)5: 704-712.

15 - MACHADO, A. F. **Predição do VO_2 máximo baseado na freqüência cardíaca.** 156 f. Dissertação (Programa de Pós-graduação *strictu sensu* em Ciência da Motricidade Humana) Pro-Reitoria de Pesquisa e Pós-graduação, Universidade Castelo Branco, 2005.

16 - ELLESTAD, M. H. **Stress testing.** Phyladelphia. Davis Company, 1986.

17 - NAUGHTON, J. P; HELLERSTEIN, H. K; MOHLER, I. C. **Exercise testing and exercise training in coronary heart disease.** New York, Academic Press, 1973.

18 - AMERICAN COLLEGE OF SPORTS MEDICINE. **Manual de pesquisa das Diretrizes do ACSM para os testes de esforço e sua prescrição.** 4ª edição, Rio de Janeiro: Guanabara, 2003.

19 - PIERON, M. Estilo de vida, prática de atividades físicas e esportivas, qualidade de vida. **Fitness and Performance Journal,** 2004, (3)1: 10-17.

20 - GHORAYEB, N; BARROS NETO, T. L. **O exercício: Preparação fisiológica, avaliação médica, aspectos especiais e preventivos**. São Paulo. Atheneu, 1999.

21 - BROOKS, G. A. **Lactate: Glycolytic and product and oxidative substrate during exercise in mammals** – the lactate shuttle. In comparative physiol and biochem – current topics and trends, volume A. Respiration – metabolism – circulation, R. Giles (Ed.), Springer, Verlag, 1985: 208-218.

22 - BROOKS, G. A. Anaerobic threshold. Review of the concept and directions for future research. **Med. Sci. Sports Exerc**. 1985, 17:23-31.

23 - NEW GARD, C.B. HIRSCH, L.J. FOSTER, D.W. McGARRY, J.D. Studies on the mechanism by which exogenous glucose is converter into liver glycogen in the rat. A direct or indirect patway. **J. Biol. Chem,** 1983. 258: 8046-8052.

24 - BROOKS, G.A. The lactate shuttle during exercise and recovery. **Med. Sci. Sports Exerc,** 1986. 18: 360-368.

25 - BROOKS, G.A. Lactate production under fully aerobic conditions: the lactate shuttle during rest exercise. **Fed. Proc,** 1986. 45: 2924-2929.

26 - BROOKS, G.A. Brauner, K. E. CASSENS, R.G. Glycogen synthesis and metabolism of lactic acid after exercise. **Am. J. Physiol,** 1973. 224: 1162-1166.

27 - FARREL, P.A. *et al.* Plasma lactate accumulation and distance running performance. **Medicine and Science in Sports and exercise**. 1979, v11; 338-344.

28 - KINDERMAMN, W *et al.* The significance of the aerobic transition for the determination of work load intensities during endurance training. **European Journal Applied Physiology**, 1979, v 42: 25-34.

29 - TANAKA, K. *et al.* A longitudinal assessment of anaerobic threshold and distance running performance. **Medicine and Sciences in Sports and Exercise**. 1984, v 16: 278-282.

30 - STEGMANN, H. *et al.* Lactate Kinetics and individual anaerobic threshold. **International Journal Sports Medicine**. 1981, v2: 160-165.

31 - TANAKA, K. MATSUURA, Y. Marathon performance, anaerobic threshold and onset of blood lactate accumulation. **Journal of Applied Physiology: Respiratory, Environmental Physiology**. 1984, v 57: 640-643.

32 - TANAKA, H. Predicting running velocity at blood lactate threshold from running performance tests in adolescent boys. **European Journal Applied Physiology**. 1986, v 55: 344-348.

33 - WELTMAM J. *et al.* Prediction of lactate threshold and fixed blood lactate concentrations from 3200-m time trial running performance in untrained females. **International Journal of Sports Medicine**. 1989, v.49: 223-230.

Capítulo 5

Prescrição do Treinamento

A corrida emagrece, aumenta o condicionamento, melhora a auto-estima, diminui o estresse e ainda há aqueles que dizem que praticar corrida é *fashion*. Com tantos benefícios não fica difícil entender porque a corrida é sem dúvida a modalidade esportiva mais praticada em todo o mundo.

A prática da corrida pode ser realizada em qualquer horário do dia e também pode ser realizada tanto em ambiente *indoor* (esteira) como em ambiente *outdoor* (rua), mas para que o praticante possa fazer essa escolha de acordo com suas reais necessidades ou objetivos, devemos saber os prós e contras de cada um deles.

Outro fator importante é a postura durante a corrida, pois ela deve se ajustar ao indivíduo e ao ritmo de trabalho imposto por esse indivíduo. Uma má postura durante a corrida implica em uma eficiência mecânica pequena o que pode levar a uma fadiga precoce.

Para um aprimoramento da postura podemos utilizar os exercícios educativos para corrida, além deles ajudarem no aprimoramento da mecânica da corrida também podem ser utilizados como forma de aquecimento antes das sessões de treinamento.

O aumento do condicionamento físico ocorre como resultado de uma série de repetidas sessões de exercícios físicos. As adaptações causadas no organismo pelo exercício poderão ser otimizadas através de um planejamento detalhado e estruturado, respeitando os princípios do treinamento desportivo (individualidade biológica, adaptação, sobrecarga, continuidade, volume x intensidade e especificidade) e as metodologias do treinamento físico (trabalho contínuo e trabalho intervalado)[1].

A prescrição do treinamento de corrida pode ser feita através de diversas técnicas, entre elas: (1) Freqüência cardíaca de trabalho, (2) $V\dot{O}_2$ máximo, (3) curvas de concentração do lactato, as quais serão abordadas neste capítulo.

Corrida durante o dia

O principal inimigo da corrida diurna é o sol, pois a termorregulação acontece de maneira mais lenta no organismo, o que pode levar a um aumento mais rápido da temperatura corporal interna (hipertermia). Com o aumento da temperatura corporal interna as enzimas vão atuar de maneira debilitada o que vai acarretar em um atraso no metabolismo e com isso diminuição da potência de trabalho.

Para evitar esse quadro é importante a hidratação adequada antes, durante e após o treinamento.

Lembrando que o treinamento prolongado sob exposição ao sol pode acarretar em um quadro de insolação, onde os sintomas são: falta de ar, dor de cabeça, náusea, tonturas, pele quente e avermelhada.

Para a corrida diurna o vestuário adequado é a utilização de boné, óculos de sol e roupas claras que não absorvem as luzes do sol.

Corrida durante à noite

Durante à noite embora não tenha o sol, temos a poluição, pois nos grandes centros urbanos a concentração de gases como o monóxido de carbono é muito maior à noite. Portanto evite a prática durante os horários de pico da poluição nos grandes centros urbanos que é das 18:00 às 20:00 hs.

Outro fator importante que não deve ser desconsiderado pelo praticante é a segurança. Durante à noite redobre a atenção sobre os veículos, sempre prefira correr na pista ao contrário do fluxo de veículos e utilize roupas claras ou de preferência com acessórios reflexivos.

Em função da pouca luz e das sombras provocadas durante a noite, alguns buracos e desníveis podem ficar camuflados, por isso fique atento ao piso.

Treinamento *indoor* X Treinamento *outdoor*

O treinamento *indoor*, que é na esteira rolante, é indicado tanto para o corredor iniciante como para os mais experientes. A esteira, por se deslocar sobre o atleta faz com que o deslocamento vertical seja maior, enquanto que o treinamento *outdoor* (na rua) proporciona um esforço maior, pois o atleta tem que fazer o deslocamento vertical e horizontal e ainda vencer a resistência do vento e dependendo do tipo de terreno o esforço é maior ainda.

É comum os atletas fazerem os treinos longos nas esteiras, pois este equipamento ajuda a preservar a integridade física do atleta, uma vez que os treinos longos na rua são extremamente exaustivos para as articulações e tendões. Porém, é imprescindível que o atleta realize pelo menos 90% do treinamento no ambiente específico da prova, ou seja na rua.

A seguir estão algumas vantagens e desvantagens do treinamento *indoor*.

Vantagens

- Não tem a resistência do vento, deixando o exercício mais confortável.
- O equipamento oferece um sistema de amortecimento, diminuindo o risco de lesões por impacto.
- A máquina tem recursos para controlar a velocidade, distância e inclinação.
- Na maioria das vezes as esteiras estão localizadas de frente para o espelho, e permitem a correção da postura durante o treinamento.
- Fica mais fácil para o professor fazer os ajustes adequados com relação a postura e também observar o comportamento das variáveis fisiológicas como freqüência cardíaca e pressão arterial.
- Não sofre interferência climática como: as chuvas e o frio.

Desvantagens

- O treinamento somente na esteira, não prepara para as competições.
- No início, o medo de desequilibrar e cair pode provocar tensão e dores.
- Em ambientes fechados e não aclimatados adequadamente a desidratação é maior.
- O desgaste é menor no que na rua, o que significa em menor gasto energético.

No treinamento para atletas a esteira tem um papel pequeno, mas importante, pois ela atua mais como um treinamento complementar com o objetivo de evitar que o atleta entre em *overtraining* e também para quebrar um pouco a rotina do treinamento. Enquanto que para os alunos que visam somente o emagrecimento ou o condicionamento é uma boa opção, pois une o funcional ao agradável.

Postura durante a corrida

Para muitos, correr é apenas colocar um pé após o outro, não esquecendo de alterná-los. A postura adequada é importante para uma melhor eficiência mecânica, o que permite uma maior economia de energia para o movimento realizado.

Conforme a distância e a velocidade aumentam, pequenos erros na postura ficam mais evidentes e com isso causam maior desperdício de energia, o que pode levar a uma fadiga precoce. Para uma melhor eficiência mecânica é necessário analisar a mecânica dos pés à cabeça, levando em consideração a individualidade biológica de cada um. Para isso podemos aplicar uma análise básica da postura em três atos.

1° Ato (a passada): Quanto à amplitude da passada – Ela deve se ajustar ao tamanho do indivíduo. Pessoas mais altas têm uma amplitude maior que as pessoas mais baixas; quando essa regra não é respeitada observa-se uma desarmonia da postura durante a corrida.

Quanto à freqüência da passada – Ela deve se ajustar diretamente com a amplitude, pois pequenas amplitudes exigem freqüências da passada maior, o que irá causar um apoio maior sobre os dedos dos pés, acarretando uma maior elevação dos joelhos e um movimento dos braços mais vigoroso.

2° Ato (o tronco): Para uma melhor eficiência da respiração, amplitude da passada e da freqüência da passada é necessário que o corredor mantenha a postura ereta, ou seja, tronco reto e cabeça olhando sempre para frente.

3° Ato (a tensão): A postura durante a corrida deve ser relaxada, correr sobre tensão muscular é como se estivesse travado, o que vai acarretar em diminuição da performance.

Após feita uma análise da postura do corredor e identificado os erros com relação a mecânica da corrida, é a hora de prestar atenção nos detalhes da postura para uma melhor eficiência mecânica.

Pés – Procure usar totalmente os pés, do tornozelo até a região central do pé, pois à medida que ocorre a transição do peso do corpo sobre o pé (movimento de pêndulo), o corredor terá uma propulsão maior na fase aérea da corrida.

Tornozelos – Mantenha-o relaxado, para uma transição suave do peso do corpo sobre o pé e também para diminuir o impacto do solo sobre as articulações, como tornozelo, joelho e quadril.

Joelhos – Durante a passada erga o joelho, pois isso irá proporcionar um melhor movimento de pêndulo durante a corrida e com isso maior propulsão e menor impacto sobre o solo.

Braços – Os braços e as pernas devem se movimentar no mesmo ritmo; para manter o equilíbrio dinâmico da corrida, eles devem estar soltos e relaxados, mas não devem ultrapassar a linha medial do corpo.

Cotovelos – Os cotovelos devem estar soltos para poderem permitir um movimento de pêndulo perfeito dos braços, pois os braços e as pernas devem estar no mesmo ritmo.

Ombros – Para um perfeito movimento de pêndulo e os braços acompanharem o ritmo das pernas, os ombros devem estar soltos, relaxados e paralelos ao solo.

Cabeça – A cabeça é fundamental para a postura correta, mantenha o olhar para frente em direção ao horizonte; mantendo essa postura fica mais fácil manter os ombros, braços, joelhos e os pés atuando de maneira correta.

Exercícios educativos para a corrida

Os exercícios educativos são imprescindíveis para quem desejar melhorar sua performance na corrida. Eles foram desenvolvidos para atuar em cada fase da passada, otimizando a coordenação, equilíbrio e a postura durante a corrida, proporcionando uma melhor eficiência mecânica evitando assim uma fadiga precoce e diminuindo a incidência de lesões.

Os exercícios educativos são à base do treino de qualquer corredor e devem ser incluídos como forma de aquecimento. Durante o aquecimento com os exercícios educativos, comece com os de menor impacto (*Dribling* e o *Anfersen*). A intensidade do exercício deve ir aumentando gradativamente, a distância pode variar de 30 a 50 metros e o tempo de aquecimento deve ser entre 10 e 20 minutos.

Os exercícios educativos proporcionam inúmeros benefícios, entre eles: melhora da percepção da mecânica da corrida, melhora da consciência corporal, maior eficiência mecânica durante a corrida e fortalecimento muscular.

Para que possamos aperfeiçoar a ação dos exercícios educativos, recomendamos filmar sua corrida, pois só falar o que está errado é muito difícil de ser assimilado pelo corredor. Correr na esteira de frente para um espelho também pode ser uma solução para esse problema.

Abaixo os exercícios educativos e seus respectivos objetivos:

Anfersen (elevação do calcanhar): Elevação do calcanhar em direção aos glúteos, no momento em que o calcanhar tocar o glúteo o joelho deve estar apontando para o solo (Figura 5.1).

Fortalece os músculos posteriores da coxa, alonga o quadríceps e também melhora a coordenação.

Figura 5.1: Educativo Anfersen.

Dribling (elevação curta do joelho): É uma corrida rápida com uma amplitude da passada diminuída. Uma perna semiflexionada, com o joelho formando um ângulo de 35 graus e a ponta do pé apontando para o solo, a outra perna estendida com o calcanhar apoiado no solo (Figura 5.2). Melhora a coordenação do complexo pé-tornozelo e também melhora a consciência corporal.

Figura 5.2: Educativo Dribling.

Skipping (elevação dos joelhos): Eleve os joelhos alternadamente em velocidade, até formar um ângulo de 90 graus com o tronco. O pé deve subir na linha da perna com a ponta do pé apontando para o solo (Figura 5.3).

Fortalece os músculos da coxa, trabalha a impulsão das pernas, melhora a coordenação e aumenta a freqüência da passada.

Figura 5.3: Educativo Skipping.

Hopserlauf (passada com salto): Como se fosse uma caminhada num ritmo um pouco mais rápido, a perna estendida dá impulso à frente dando a impressão de um salto, enquanto que a outra perna é elevada, semiflexionada a um ângulo de 90 graus, com a ponta do pé em direção ao solo (Figura 5.4).

Melhora a coordenação motora e a amplitude da passada.

Figura 5.4: Educativo Hopserlauf.

Aquecimento

O aquecimento tem como objetivo fazer com que o organismo tenha uma transição mais rápida do estado de repouso para o exercício, com isso possibilita que o rendimento do atleta durante o treinamento ou a competição seja melhor e também evite as lesões.

No item anterior vimos como realizar o aquecimento através dos exercícios educativos, mas existe também um outro um método mais específico que faz com que o corredor comece com uma corrida leve ou uma caminhada rápida ou simplesmente vá alternando entre uma e outra; após este período de aquecimento que pode variar entre 10 e 20 minutos, o corredor está apto a começar a sessão de treinamento.

Desaquecimento

O desaquecimento tem o objetivo inverso do aquecimento, isto é, fazer com que organismo vá de maneira gradativa voltando ao metabolismo de repouso.

Seguindo o mesmo raciocínio do aquecimento onde você vai aumentando aos poucos e de maneira gradativa a intensidade do exercício, no desaquecimento você vai aos poucos diminuindo a intensidade da corrida até chegar a uma velocidade que o atleta possa caminhar, com isso a velocidade da caminhada vai diminuindo até que o atleta pare.

Após o período de desaquecimento uma boa opção para completar a sessão de treinamento são exercícios de alongamento.

Mas lembre-se:

– Alongue-se bem devagar até o limite fisiológico da articulação, ou seja, até o ponto onde ocorre desconforto.

– Mantenha-se pelo menos de 8 a 10 segundos no ponto de desconforto.

– Respire normalmente.

Princípios do Treinamento

A utilização dos princípios do treinamento desportivo durante a montagem do programa, permite que o professor possa adaptar os métodos de treinamento já existentes com as necessidades de cada aluno ou atleta[2].

Individualidade Biológica

O ser humano deve ser considerado como a soma da carga genética (herança genética de seus pais) e fenótipo (habilidades ou características adquiridas com as experiências motoras), com isso entendem-se que as potências são determinadas geneticamente e as capacidades são determinadas pelo fenótipo[2,3,4].

Adaptação

O princípio da adaptação é regido pela lei da ação e reação, para cada estímulo (ação) sofrido pelo organismo ele terá uma reação diferente. Para cada intensidade de estímulo há uma resposta do organismo, onde estímulos fracos não acarretam nenhuma alteração no organismo, estímulos médios apenas excitam, estímulos fortes causam as adaptações almejadas e os estímulos muito fortes causam danos ao organismo[2,3].

Sobrecarga

Todo estímulo é considerado uma carga para o organismo, e objetivo de se aplicar uma nova carga (sobrecarga) é atingir determinada forma física, com isso após aplicação de uma carga devemos respeitar alguns critérios[2,3] (tempo de recuperação, intensidade da carga aplicada anteriormente), pois caso contrário, cairemos em um dos dois tipos de erros (recuperação excessiva para carga aplicada, recuperação insuficiente para a carga aplicada).

Interdependência entre volume e intensidade

O aumento da condição física é dependente do aumento das cargas de trabalho, e a escolha da incidência do volume ou intensidade naquele período de treinamento respeitará a qualidade física trabalhada e o tempo de treinamento[1].

Entende-se como uma variável de volume aquelas que estão direcionadas com a distância total percorrida, tempo total de trabalho, número total de exercícios, e a variável de intensidade aquelas que estão diretamente ligada com a carga de trabalho utilizada, velocidade de trabalho, intervalo de recuperação e amplitude de movimentos[1,3].

Continuidade

A preparação física baseia-se em aplicação de cargas crescentes que automaticamente vão sendo assimiladas pelo organismo, onde se observa períodos de estresse e períodos de recuperação[2,3]. Este princípio baseia-se em uma aplicação de uma nova carga de trabalho antes que o organismo se recupere totalmente da carga anterior, e com a continuidade destes estímulos ocorrerá o fenômeno da supercompensação.

Especificidade

Este princípio surgiu da necessidade de se adequar o treinamento do segmento corporal com o sistema energético e o gesto esportivo, tudo isso com um único objetivo o da melhor performance. Durante o treinamento o professor cria situações reais de prova para que se possa avaliar os sistemas metabólicos, músculo-esquelético e cardiorrespiratório em condições reais e assim obter dados mais fidedignos quanto as reais condições de seu aluno[2,3,4].

Metodologia do treinamento aeróbio

A metodologia do condicionamento físico tem como característica métodos diferenciados, onde o exercício pode ser realizado de maneira ininterrupta (contínuo) ou com breve intervalo de recuperação (intervalado), podendo, ainda, sofrer variações como características constantes ou variadas, de maneira progressiva, regressiva e ou variável[5].

O método contínuo caracteriza-se pela predominância do volume sobre a intensidade, proporcionando, basicamente, o desenvolvimento do condicionamento aeróbio[1].

Tipos de treinamento contínuo[5]

Continuo fixo: caracteriza-se pela manutenção da intensidade durante todo o período de treinamento (Figura 5.5).

Ex: Corrida de 20 minutos há uma velocidade de 8 km.

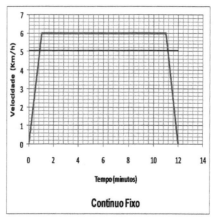

Figura 5.5: Comportamento da intensidade durante o treinamento contínuo fixo.

Contínuo progressivo: caracteriza-se pelo aumento progressivo da intensidade durante o período de treinamento (Figura 5.6).

Ex: Corrida de 20 minutos, velocidade inicial de 8 km, e a cada 5 minutos aumentos de 1 km.

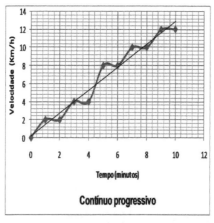

Figura 5.6: Comportamento da intensidade durante o treinamento contínuo progressivo.

Contínuo regressivo: caracteriza-se pela diminuição contínua da intensidade durante o período de treinamento (Figura 5.7)
Ex: Corrida de 20 minutos, velocidade inicial de 8 km, e a cada 5 minutos diminuição de 0,5 km.

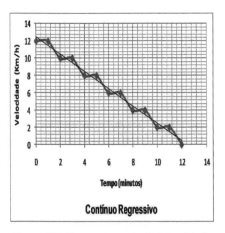

Figura 5.7: Comportamento da intensidade durante o treinamento contínuo regressivo.

Contínuo variável: caracteriza-se pela alternância da intensidade que pode variar progressivamente ou regressivamente durante o período de treinamento (Figura 5.8).
Ex: Corrida de 20 minutos, velocidade inicial de 8 km, e a cada 5 minutos a velocidade varia para um valor acima ou abaixo de 8 km.

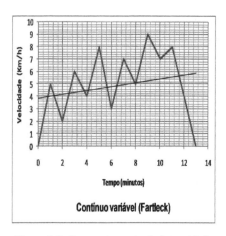

Figura 5.8: Comportamento da intensidade durante o treinamento contínuo variável.

O método intervalado por sua vez caracteriza-se pela predominância da intensidade sobre o volume, proporcionando o desenvolvimento da velocidade e da resistência anaeróbia[1].

O treinamento intervalado tem nomenclatura própria[1].

- **Estímulo (E)** – distância percorrida.
- **Tempo (T)** – tempo gasto para realizar o estímulo.
- **Repetições (R)** – número de vezes que o estímulo se repetirá.
- **Intervalo (I)** – intervalo de recuperação entre os estímulos que pode ser ativo ou passivo.

Intervalo passivo – consiste em repousar sem realizar nenhum tipo de movimento. Exemplo: Sentado ou deitado.

Intervalo ativo – consiste continuar a realizar o exercício com uma intensidade bem pequena, a 30 ou 40 % da FC máxima.
Exemplo – Corrida de baixa velocidade ou caminhada.

Tipos de treinamento intervalado[5]

Intervalado fixo: caracteriza-se pela reprodução do estímulo a cada período de tempo (Figura 5.9). Ex: Corrida de 5 minutos a uma velocidade de 8 km com intervalos de 1 minuto de caminhada a uma velocidade de 4 km.

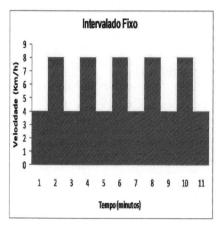

Figura 5.9: Comportamento da intensidade durante o treinamento intervalado fixo.

Intervalado progressivo: caracteriza-se pelo aumento da intensidade após cada período de intervalo (Figura 5.10).

Ex: Inicia-se o estímulo de 5 minutos com uma velocidade de 8 km, a cada novo estímulo a velocidade deverá ser aumentada em 2 km até que o praticante entre em fadiga. O tempo de intervalo é de 1 minuto entre os estímulos e a velocidade de 4 km.

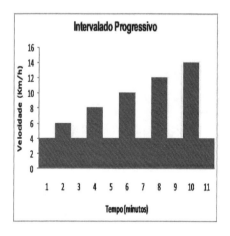

Figura 5.10: Comportamento da intensidade durante o treinamento intervalado progressivo.

Intervalado regressivo: caracteriza-se pela diminuição da intensidade após cada período de intervalo (Figura 5.11).

Ex: Corrida de 10 minutos a uma velocidade inicial de 14 km, e após a cada intervalo de 1 minuto a uma velocidade de 5 km, a velocidade da corrida deverá ser diminuída em 3 km até que se atinja a velocidade de 5 km ou inferior a ela.

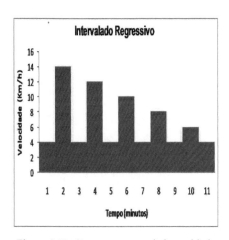

Figura 5.11: Comportamento da intensidade durante o treinamento intervalado regressivo.

Intervalado variável: caracteriza-se pela alternância da intensidade (aumento ou diminuição), tanto para o período de trabalho como para o período de recuperação, com isso as cargas de trabalho e de recuperação podem variar independentemente umas das outras (Figura 5.12).

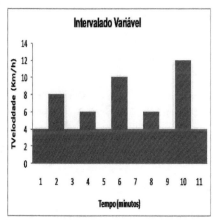

Figura 5.12: Comportamento da intensidade durante o treinamento intervalado variável.

93

Prescrição da Intensidade do trabalho

A intensidade do exercício tem uma relação linear com o gasto energético, quanto maior a intensidade maior o gasto energético[28], sendo decisiva para desenvolvimento da capacidade aeróbia. Intensidades altas estão relacionadas a riscos cardíacos e a lesões no aparelho locomotor ativo (músculos) e ou aparelho locomotor passivo (ossos, ligamentos e tendões), além de desmotivar seus praticantes pelo alto esforço empregado.

O Colégio Americano de Medicina do Esporte (ACSM), recomenda a utilização da freqüência cardíaca de reserva (FCR) para o controle da intensidade do exercício. Os indivíduos com baixo condicionamento deverão iniciar seu treinamento com intensidades entre 40 e 50 % da FCR; para os indivíduos já treinados as intensidades devem variar entre 60 e 90 % da FCR para obtermos melhoras significativas no condicionamento físico[29]. A escolha da intensidade vai variar de acordo como objetivo e com o nível de condicionamento do indivíduo; quanto maior o nível de condicionamento maior será a intensidade do exercício para provocar aumento do condicionamento físico[30].

A freqüência com que os exercícios são realizados durante a semana, também é considerada como intensidade de trabalho. O ACSM recomenda pelo menos três sessões semanais para desenvolvimento do condicionamento físico, e duas sessões para manutenção[29], enquanto que, atletas, têm uma freqüência de 5 a 6 dias de treinamento por semana.

Prescrição da intensidade de trabalho pela freqüência cardíaca (FC)

A prescrição pela freqüência cardíaca (FC), representa a forma mais simples de orientação e controle do treinamento físico (MACHADO, 2005). É um procedimento extremamente habitual, podendo ser utilizada em duas situações: (1) cálculo da intensidade do exercício e (2) determinar a interrupção de um teste ou exercício, somando o alto índice de confiabilidade e a praticidade de leitura da FC. Com auxílio do tacômetro portátil (monitor de freqüência cardíaca) qualquer indivíduo orientado por um profissional de Ed. Física é capaz de controlar seu próprio treinamento. (MACHADO, 2005)

Primeiro passo: determinar a FC máxima. Sendo necessário o uso de um modelo matemático para sua predição, onde o mais difundido na Ed. Física é descrito na (equação 1)[7].

$$FC_{máx} = 220 - \text{Idade (equação 1)}$$

Foi realizado uma série de experimentos[8,9,10] comparando modelos matemáticos de predição da FC máxima com a FC máxima obtida em situações distintas: corrida, cicloergômetro e natação. Concluindo que não há um modelo matemático único para predizer a FC máxima e sim modelos distintos para cada modalidade[11], que indicam que os modelos matemáticos devem ser específicos para cada modalidade.

Corrida

Os modelos mais adequados para predizer a FC máxima em homens (equação 2)[12] e para mulheres (equação 3)[13], os resultados encontrados por estas equações têm uma variação menor que 3 bpm[9].

$$FC_{máx} = 200 - 0,5 \text{ (Idade) (equação 2)}$$

$$FC_{máx} = 217 - 0,846 \text{ (Idade) (equação 3)}$$

Recentemente outro estudo comparou a FC máxima obtida com três outros modelos de predição da FC máxima, sendo eles o modelo proposto na equação 1, modelo proposto[14] descrito na equação 4, e o descrito na equação 5[15]. Embora os três modelo testados indiquem uma tendência a superestimar a FC máx., o modelo[14] descrito na equação 4, apresentou menor tendência (18,03%) quando comparado aos outros modelos. O modelo proposto[15] na equação 5, apresentou uma tendência a superestimar o resultado um pouco maior (26,22%), enquanto que o modelo proposto pela equação 1, foi o que mais superestimou o resultado (45,08%)[16].

$$FC_{máx} = 208 - 0,7 \text{ (Idade) (equação 4)}$$

$$FC_{máx} = 210 - 0,65 \text{ (Idade) (equação 5)}$$

Segundo passo: determinar a FC de trabalho (FCt). O treinamento é realizado dentro de uma zona de trabalho. A FCt irá determinar o limite superior e inferior da FC para que o objetivo proposto seja atingido com maior rapidez e segurança (equação 6). Este conceito pode ser melhor visualizado pela tabela 5.1.

$$FCt = (FC_{máx} - FC_R) \, IT + FC_R \quad \text{(equação 6)}$$

Onde:
$FC_{máx}$ = Freqüência cardíaca máxima
FC_R = Freqüência cardíaca de repouso
IT= Intensidade do treinamento desejado (%)

Exemplo:
$FC_{máx}$ = 198 bpm
FC_R = 82 bpm
IT = 75% da $FC_{máx}$ = 0,75 (limite inferior do treinamento)
IT= 85% da $FC_{máx}$ = 0,85 (limite superior do treinamento)

$$FCt = (198 - 82)0,75 + 82$$
$$FCt = 169 \, bpm$$
$$FCt = 181 \, bpm$$

Tabela 5.1 – Zona de trabalho[18]

Zona Trabalho	FCt (%)	Duração (minutos)
Atividade moderada	50 a 60	+ 30
Controle de peso	61 a 70	+ 60
Condicionamento aeróbico	71 a 80	8 a 30
Condicionamento anaeróbico	81 a 90	5 a 6
Esforço máximo	91 a 100	1 a 5

Prescrição da intensidade de trabalho pelo $\dot{V}O_2$

A prescrição baseada no $\dot{V}O_2$ máximo necessita de dois fatores: (1) O $\dot{V}O_2$ máximo identificado através de um teste específico e (2) Identificar o objetivo proposto[6]. A FC tem uma relação linear com o $\dot{V}O_2$

máximo, o que nos permite utilizá-la também como parâmetro controlado da intensidade (Tabela 5.2).

Tabela 5.2 – Relação entre FC e $\dot{V}O_2$ máximo[19]

FC (%)	$\dot{V}O_2$ máx. (%)
100	100
90	83
80	70
70	56
60	42
50	28

Outro método também utilizado para a prescrição baseada no VO_2 máximo, é o a partir do ritmo ou da velocidade de trabalho. Este método é extremamente simples e eficiente para a prática do dia-a-dia de treinamento.

Primeiramente aplica-se o teste de 3.200 metros, onde o teste consiste em percorrer correndo uma distância de 3.200 metros no menor tempo possível.

Vejamos no exemplo prático:

Tempo dos 3.200 metros: 8 minutos 58 segundos.

1º passo: Transforme o resultado para segundos. 8 minutos e 58 segundos = 538 segundos.

2º passo: Dividir o resultado em segundos por 3.200, o resultado será a velocidade em metros por segundo (m/s).
3.200 / 538 = 5,94 m/s

3º passo: Multiplicar a velocidade em metros por segundo por 3,6, para encontrar a velocidade em quilômetros por hora (km/h).

5,94 x 3,6 = 21,3 km/h

4º passo: Divida o tempo em segundos pela distância em quilômetros, o resultado será a velocidade em segundos por quilômetro.

538 / 3,2 = 168 segundos ou 2 minutos e 48 segundos/km.

Logo, seu ritmo de trabalho máximo é de 2 minutos 48 segundos por quilômetro.
De posse do ritmo de trabalho máximo do atleta, agora vamos calcular a intensidade do treinamento.

Exemplo: Qual o ritmo de trabalho ou a velocidade para 70% do VO_2 máximo.

1º passo: Pegue o tempo total em segundos do ritmo de trabalho máximo e multiplique por 100 e depois divida pela intensidade proposta (70%). O resultado é o ritmo de trabalho para 70% do VO_2 máximo.
168 x 100 / 70 = 240 segundos ou 4 minutos por quilômetro.

Ao controlar a intensidade do treinamento de forma mais precisa, as sessões de treinamento se tornam muito mais motivantes e com isso o atleta ficará mais seguro ao que ele pode e deve fazer durante o treinamento. Na tabela 5.3, veja a relação de volume do treinamento, intensidade do treinamento, tipos de treinamento e metodologias de treinamento utilizadas.

Tabela 5.3 – Relação intensidade do treinamento, volume do treinamento, tipo de treinamento e metodologias utilizadas.

Intensidade (% VO_2 Máximo)	Tipo de treinamento	Volume (tempo)	Metodologia de treinamento
- 69 %	Regenerativo, longo e estabilidade	20 a 60 minutos	Contínuo
70 a 85%	Longo, estabilidade e ritmo	60 a 120, 180* minutos	Contínuo
+ 85%	Velocidade e intervalado	20 a 40 minutos	Fartleks e intervalados

(*) Casos especiais, como alguns maratonistas, ultramaratonistas e triatletas.

Características dos tipos de treinamento

Treino Longo

Características: Intensidade moderada e volume alto. Para iniciantes e indivíduos que querem aumentar o condicionamento, este tipo de treinamento acarreta em um aumento de 30 a 50% na carga de volume normal, ou seja, para aqueles que almejam correr 10 km nas competições, deverão correr neste dia de 13 a 15 km.

Para os iniciantes é aceitável que eles caminhem no meio da sessão. Já os atletas este dia de treinamento serve como um ensaio para a competição.

Volume de trabalho: de 30 a 50% maior que o volume de trabalho atual.

Intensidade de trabalho: de 60 a 80% do VO_2 máximo.

Treino de Estabilidade

Características: Intensidade de moderada alta a alta e volume moderado, este treinamento permite que você se adapte a correr no seu ritmo de corrida, ou seja a máxima velocidade que o atleta pode correr, por um tempo máximo com maior eficiência mecânica e metabólica. **Volume de trabalho:** de 30 a 35% menor que o volume de trabalho total atual. **Intensidade de trabalho:** de 75 a 85% do VO_2 máximo.

Treino Regenerativo

Característica: Intensidade baixa e volume de moderado a baixo, geralmente vem depois de um dia de treino forte, seja de alto volume ou alta intensidade. Embora neste dia a carga de treinamento seja baixa, não significa que deva ser desprezado, pois ele atua com agente mediador para o período de supercompensação, ou seja, ajuda o organismo a se preparar para um próximo estímulo forte. **Volume de trabalho:** de 25 a 50% menor que o volume de trabalho. **Intensidade de trabalho:** de 50 a 60% do VO_2 máximo.

Treino Intervalado

Características: Intensidade muito alta e volume baixo, este treinamento é constituído por períodos de estímulos e recuperação determinados para um aumento da resistência anaeróbia, com intensidades bem acima ao da prova. Tem como objetivo preparar o corredor para um final de prova forte.

Este tipo de treinamento é recomendado que seja realizado em pista de atletismo.

Volume de trabalho: 200, 400, 800 e 1.000 metros, sendo que o número de estímulos e o intervalo e o tipo de recuperação vai variar em função do período de treinamento que o atleta se encontra.

Intensidade de trabalho: de 90 a 110% do VO_2 máximo.

Treino de Velocidade

Características: Intensidade muita alta e volume baixo, este treinamento tem por objetivo otimizar o aumento da amplitude e da freqüência da passada, em outras palavras o aumento da velocidade.

Volume de trabalho: 100 e 150 metros, sendo que o número de repetições e o intervalo de recuperação vai variar de acordo com o período de treinamento que o atleta se encontra.

Intensidade de trabalho: de 90 a 110% do VO_2 máximo.

Treino de Ritmo

Características: Intensidade alta e volume moderado, este treinamento permite que você encontre seu ritmo de corrida, ou seja a máxima velocidade que o atleta pode correr, por um tempo máximo com maior eficiência mecânica e metabólica. Neste tipo de treinamento é onde o atleta encontra a sua velocidade de trabalho, ou o seu ritmo de prova.

Volume de trabalho: de 30 a 40% menor que a distância da competição alvo.

Intensidade do trabalho: de 85 a 95% do VO_2 máximo.

Prescrição da intensidade de trabalho pela curva de lactato

O limiar de lactato (LL), ponto correspondente à intensidade do exercício onde ocorre aumento exponencial do lactato no sangue (Figura 5.13)[20]. Teoricamente representa o momento em que o organismo passa a produzir mais energia pela vias metabólicas anaeróbias. A principal característica deste método é a utilização de um índice fisiológico aplicado especificamente no exercício em uma situação.

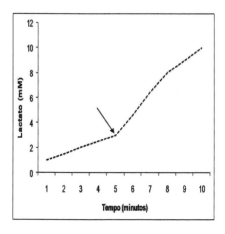

Figura 5.13: Exercício de carga progressiva, onde se observa no ponto marcado na figura o aumento exponencial da concentração de lactato denominado limiar de lactato (LL).

A utilização da resposta do lactato no sangue divide-se em duas categorias basicamente: 1) Limiares que identificam o início do acúmulo de lactato no sangue e 2) Limiares que identificam a máxima fase estável de lactato no sangue (21).

A prescrição de exercícios com base na resposta do lactato no sangue, compreende em explorar um ponto determinado (início de acúmulo ou máxima fase estável do lactato no sangue), através do aumento do volume de trabalho na intensidade correspondente ao ponto determinado, com isso o aluno ou atleta aumenta sua resistência e também aumenta a capacidade de remoção do lactato.

O seu alto custo operacional motivou alguns pesquisadores a busca por métodos indiretos e de baixo custo para a resposta do lactato no sangue[22]. Com base na relação linear entre FC e velocidade do exercício (Vel), foi identificado o ponto onde esta relação é quebrada tendo sido denominado de velocidade de deflexão (Vd), ponto este que está diretamente relacionado ao LL.

Para a corrida foi obtida uma correlação (r = 0,99) entre o Vd e o LL[22], na natação uma correlação (0,84)[23] e para o cicloergômetro uma correlação (r = 0,97)[24] confirmando o alto poder predito do LL através do Vd.

• **Protocolos para predição da resposta do lactato sanguíneo a partir da velocidade de deflexão.**

Corrida (pista de atletismo)

Inicia-se com aquecimento de aproximadamente 20 minutos; seqüencialmente são realizados de oito a doze tiros de 400 m, com velocidade inicial de 12 a 14 km/h e a cada 200 m ocorrerá um incremento na velocidade de 0,5 km/h. A FC deve ser registrada nos 50 m finais de cada 200 m[22].

Corrida (esteira)

Inicia-se com aquecimento de aproximadamente 10 minutos, onde a velocidade inicial de teste deve ser de 4 a 5 km/h para crianças e sedentários, 6 a 7 km/h para velocistas e de 8 a 12 km/h para corredores de fundo. O incremento na velocidade da corrida deve ser gradual a ponto de não proporcionar um aumento maior de que 8 bpm a cada minuto na FC. A partir do momento que o avaliado começar a demonstrar sinais como: dificuldade respiratória e fadiga muscular, recomenda-se não aumentar mais a velocidade e sim a inclinação da esteira até a exaustão voluntária do indivíduo[25].

• **Determinação do ponto de deflexão da velocidade (Vd) a partir da FC**

Baseando-se na teoria de Conconi[22], há uma relação linear entre velocidade, intensidade do exercício e FC. O Vd é apontado no momento em que a linearidade da velocidade é perdida em relação à FC (Figura 5.14).

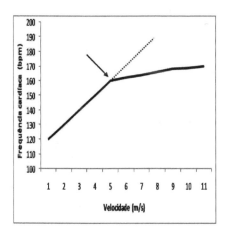

Figura 5.14: Relação da linearidade entre freqüência cardíaca e velocidade do exercício, o Vd é apontado no momento em que a linearidade da velocidade é perdida em relação à FC (linhas pontilhadas)

105

Prescrição do volume do treinamento

O volume de treinamento que corresponde ao tempo total da sessão de exercício, está associado diretamente a intensidade do mesmo, pois não é recomendado aplicar grandes cargas de intensidade e de volume em uma única sessão. Segundo o ACSM[29], uma sessão de treinamento aeróbio com o objetivo de melhorar o condicionamento físico deve durar entre 15 e 60 minutos[29], para que seu praticante possa obter resultados significativos. Os iniciantes devem começar com volumes de treinamento menores e com aumentos graduais já os com melhor nível de condicionamento devem trabalhar com volumes maiores respeitando sempre as condições fisiológicas do praticante.

Costuma-se seguir uma regra: para grandes volumes de treinamento, intensidade moderada e para pequenos volumes de treinamento, intensidade alta. Esta regra ajuda adequar o programa de condicionamento físico ao tempo disponível que o praticante tem para a realização do exercício, uma vez que o motivo mais forte para o sedentarismo é a falta de tempo para a prática de exercícios[31].

O volume do treinamento deve ser de acordo com o objetivo do treinamento, respeitando sempre a individualidade biológica do praticante ou atleta. É recomendado para iniciantes, volumes de 20 a 30 minutos por sessão de treinamento, enquanto que para atletas o volume pode variar de 2 a 5 horas de treinamento por dia, dependendo do tipo de prova e da fase de treinamento em que o atleta se encontra.

Referências Bibliográficas

1- VERKHOSHANSKY, Y.V. Problemas atuais da metodologia do treino desportivo. **Revista treinamento desportivo,** 1996, 1(1): 33-45.

2- DANTAS, H. M. **A prática da preparação física.** 5ª edição. Ed. Shape. Rio de Janeiro, 2003.

3- BOMPA, T. O. **Periodização: teoria e metodologia do treinamento.** 4ª edição. Phorte editora. São Paulo, 2002.

4- WEINECK. J. **Treinamento ideal.** 9ª edição. Ed. Manole. São Paulo, 1999.

5- ZAKHAROV, A. **Ciência do treinamento desportivo.** Grupo Palestra. Rio de Janeiro, 1992.

6- MACHADO, A. F. **Predição do VO_2 máximo baseado na freqüência cardíaca.** 156 f. Dissertação (Programa de Pós-graduação *strictu sensu* em Ciência da Motricidade Humana) Pró-reitoria de Pesquisa e Pós-graduação, Universidade Castelo Branco, 2005.

7- KARVONEN, M.J; KENTALA, E; MUSTALA, O. The effects of training on heart rate: longitudinal study. **Ann Med Exper Fenn,** 1957, 35(3): 307-315.

8- FREITAS, G.M; XAVIER, W.D.R; SILVA, A D; MARINS, J.C.B. Comparação da freqüência cardíaca máxima (FCM) calculada por 21 equações e FCM obtida em exercícios de corrida em homens e mulheres. **R. Min. Educ. Fís., Viçosa,** 2002, 11(2): 237-241.

9- SILVA JUNIOR, A M; XAVIER, W.D.R; MARINS, J.C.B. Comparação da freqüência cardíaca obtida com a freqüência cardíaca calculada por diversas fórmulas em exercício de cicloergômetro. **R. Min. Educ. Fís, Viçosa,** 2002, 11(2): 253-259.

10- NOGUEIRA, S.L; XAVIER, W.D.R; FIGUEIREDO, P; MARINS, J.C.B. Comparação da freqüência cardíaca máxima (FCM) calculada por 21 equações e FCM obtida em natação estilo livre. **R. Min. Educ. Fís., Viçosa,** 2002, 11(2): 242-249.

11- ROBERGS, R.A; LANDWEHR, R. The surprising history of the Hrmax = 220 – age, equation. **JEP online,** 2002, 5(2):1-10.

12- FERNANDEZ, E. **Fisiologia Del aparato cardiovascular: respuestas y adaptations al ajercicio,** 1998. IN: Marqueta, P. Ferrero.

13- FROELICHER, V; MYERS, J; FOLLANSBEE, W; LABOVITZ, A. **Exercício e o coração,** 1998. Rio de Janeiro, Revinter.

14- TANAKA, H; MONAHAN, K; SCAL, D. Age-predicted maximal heart rate revised. **Journal of the American College of Cardiology,** 2001, 37(1):153-156.

15- MARINS, J. C. B; FERNANDEZ, M.D. FC máx: comparação da freqüência cardíaca por meio de provas com perfil aeróbico e anaeróbico. **Fitness e Performance journal,** 2004; 3(3): 166-174.

16- BARBOSA, F.P; OLIVEIRA, H. B; FERNANDES, P. R; FERNANDES FILHO, J. Freqüência cardíaca máxima. **Fitness e performance journal,** 2004; 3(1): 108-114.

17- NAUGHTON, J. P; HELLERSTEIN, H.K; MOHLER, I.C. **Exercise testing and exercise training in coronary heart disease.** New York, Academic Press, 1973.

18- FERNANDES FILHO, José. **A prática da avaliação física.** 2ª ed. Rio de Janeiro, Shape, 2003.

19- McARDLE, W. D; KATCH, F. I. & KATCH, V. L. **Fisiologia do exercício: Energia, Nutrição e Desempenho Humano.** Ed. Guanabara Koogan, 5ª edição, Rio de Janeiro, 2003

20- COYLE, E.F. Blood lactate threshold in some well-trained isemine heart disease patiens. **Journal Apllied Physiology: Respiration environment exercise physiology,** 1983, 54:18-23.

21- DENADAI, B.S. Limiar anaeróbio: considerações fisiológicas e metodológicas. **Revista Brasileira de atividade física e saúde,** 1995, 1(2): 74-88.

22- CONCONI, F. Determination of the anaerobic threshold by a noninvasive field test in runners. **Journal of Applied Physiology: Respiratory, Environmental and Exercise Physiology,** 1982, 52: 869-873.

23- WILMORE, J. H. *et al.* An automated system for assessing metabolic and respiratory function during exercise. **Journal of Applied Physiology,** 1976; 40:619.

24- RIBEIRO, J. P. Heart rate break point may coincide with the anaerobic thresold and not the aerobic sthreshold. **International Journal Sports Medicine,** 1985, 6: 220-224.

25- CONCONI, F. The Conconi Test: Methodology after 12 years of application. **International Journal Sports Medicine,** 1996, 17: 509-519.

26- CELLINI, M. Noninvasive determination of the anaerobic threshold swimming. **International Journal Sports Medicine,** 1986, 7: 347-351.

27- KUIPERS, H. Comparison of heart rate as non-invasive determinant of anaerobic threshold with the lactate threshold when cycling. **European Journal Applied Physiology.** 1988, 58:303-306.

28- MARGARIA, R. *et al.* Energy maximal of running. **Journal of Applied Physiology,** 1963;18:367-70.

29- ACSM. **Diretrizes do ACSM para teste de esforço e suas prescrições.** Rio de Janeiro: Guanabara, 2003.

30- AMORIM, P.E.S. Fisiologia do exercício: considerações sobre o controle do treinamento aeróbico. **Revista Mineira Educação Física,** 2002, 10(1): 50-61.

31- FIGUEIRA JUNIOR, A. J. Potencial da mídia e tecnologia aplicadas no mecanismo de mudança de comportamento, através de programas de intervenção de atividade física. **Revista Brasileira Ciência e Movimento,** 2000; 8(3): 39-46.

Capítulo 6

Corrida Aquática e suas Particularidades Fisiológicas

A atividade física no meio líquido é muito utilizada para aumento do condicionamento, reabilitação e também como treinamento complementar para atletas, em função do seu baixo impacto sobre as articulações. O meio líquido é um ambiente diferente do meio terrestre, cheio de particularidades (pressão hidrostática, força de empuxo, temperatura, densidade e viscosidade). Com isso a utilização do meio líquido para a prática de exercícios requer que o profissional domine os efeitos fisiológicos destas particularidades sobre o organismo durante o exercício[1], além das metodologias de treinamento apropriadas para este meio.

A corrida aquática pode ser dividida em duas categorias: corridas em águas rasas (Water running) e corrida em águas profundas (Deep water). A execução de movimento da corrida aquática deve ser a mais próxima possível da corrida terrestre, embora seja comprovado que os padrões de movimentos das duas corridas são diferenciados[1, 20].

Deep Water – Consiste em uma corrida em águas profundas com auxílio de um colete para aumentar a flutuabilidade do aluno. O aluno não poderá encostar os pés no fundo da piscina durante o exercício[1]. Neste exercício o praticante pode realizá-lo parado ou em deslocamento.

Water Running – Consiste em uma corrida, que pode ser realizada com a água na altura dos joelhos variando até os ombros. Pode-se trabalhar com elevação dos joelhos, tornozelos ou ainda trabalhar com o tronco projetado a frente[2].

Propriedades físicas da água

Pressão hidrostática

A pressão do líquido exerce força igual sobre toda superfície do corpo imerso em repouso[2], aumentando proporcionalmente à medida que aumenta a profundidade. A pressão hidrostática beneficia indivíduos com problemas circulatórios, respiratórios e renais, aumentando o retorno venoso e fortalecendo os músculos respiratórios[3].

Força de empuxo

É a força que atua em sentido contrário a força de gravidade, sendo desencadeada a partir da imersão de um corpo no meio líquido[4]. O tamanho do corpo e a profundidade do mesmo têm relação direta com a força de empuxo. Utilizando-se o princípio de Arquimedes a força de empuxo é igual ao volume de líquido deslocado com a imersão do corpo no meio líquido.

Temperatura

A temperatura da água varia entre 27° e 32° C, para as atividades aquáticas[2,3]. Para os exercícios de alta intensidade deve estar mais próxima do limite inferior e para as atividades terapêuticas mais próximas do limite superior[4].

Densidade

Densidade é a relação entre a massa de volume de um corpo e a massa do mesmo volume de água [1]. A densidade do corpo humano (920 kg/m³) é menor que a densidade da água (1.024 kg/m³), o que acaba acarretando em diminuição do peso corporal quando o corpo está no meio líquido.

Viscosidade

Viscosidade é a resistência que o líquido causa sobre determinado corpo durante seu deslocamento, que está diretamente relacionado com o número de moléculas deste líquido[3]. Quanto maior o número de moléculas do líquido, maior a sua viscosidade (óleo) e quanto menor o número de moléculas, menor a sua viscosidade (água).

Alterações fisiológicas no meio líquido

Alterações na FC

Não existe um consenso na literatura sobre esta questão, pois existem pesquisadores que relatam aumentos[5,6], e outros diminuições[7,8,9] e ainda aqueles[10,11,12] que relatam não haver alterações significativas durante a realização de exercícios no meio líquido. Entretanto, estudos recentes[13] observaram uma diminuição da FC de 2 bpm para a água na altura do joelho e de 16 bpm para a água na altura dos ombros.

Alterações no fluxo sanguíneo

A imersão em repouso até a altura dos ombros, causa um aumento no volume sanguíneo conduzindo o organismo a diferentes ajustes[14,15,16], otimizando o retorno venoso em função da pressão hidrostática[14,17].

Alterações no consumo de oxigênio

A captação de oxigênio no meio líquido, tende a ser diferente daquela em meio terrestre, pois, a resistência imposta pela água causaria um maior esforço e com isso uma maior captação de oxigênio. O que não foi observado[18,19], onde pesquisadores compararam o VO_2 máximo na corrida em terra e na natação, encontrando valores inferiores (7,5 % e 6,0 % respectivamente) aos encontrados no meio terrestre. Os diferentes valores provavelmente ocorreram pela diferença de posição (horizontal a natação e vertical a corrida), pela ventilação restrita e pela pressão externa ser maior no meio líquido. Tais fatores associados podem ter levado a uma resposta alterada da captação de oxigênio nos diferentes meios.

Quando analisados o VO_2 máximo em cicloergômetro dentro e fora da água[9] e posteriormente a corrida dentro e fora da água[19, 20], foram encontrados os mesmos resultados, onde o VO_2 máximo foi significativamente menor no meio líquido.

Com isso podemos observar que mesmo tendo padrões cinemáticos diferenciados, e pelas alterações fisiológicas que o meio líquido impõe ao organismo, o treinamento na água pode e deve ser usado como treinamento complementar pelos atletas em função da diversificação de estímulos sobre o organismo e também pela diminuição do impacto causado nas articulações.

Referências Bibliográficas

1- CASE, L. **Condicionamento físico na água**. São Paulo, Ed. Manole, 1998.

2- RUOTI, R.G.; TROUP, J.T.; BERGER, R.A. The effects of nonswimming water exercise on older adults. **J Orthop Sportes Phys Ther.** 1994, 19 (3):140-145.

3- BATES, A.; HANSON, N. **Exercícios aquáticos terapêuticos**. São Paulo, Ed. Manole, 1998.

4- DI MASI, F. **Hidro: propriedades físicas e aspectos fisiológicos**. Rio de Janeiro, Ed. Sprint, 2000.

5- WHITLEY, J.D.; SCHOENE, L.L. Comparasion of heart rate responses – water walking versus treadmill walking. **J. Am. Physical Therapy Association**. 1990, 15: 96-98.

6- GLEIM, G.W.; NICHOLAS, J.A. Metabolic costs and heart rate responses to treadmill walking in water at different depths and temperatures. **Am. J. Sports Med**. 1989, 17:248-252.

7- MAGEL, J.R.; McARDLE, W.D.; GLASER, R.M. Telemetred heart rate responses to selected competitive swimming events. **J. Appl. Physiol**. 1982, 26:764-770.

8- HOLMER, L.; LUNDIN, A.; ERIKSSON, B.O. Maximum oxygen uptake during swimming and running by elite swimmers. **J. Appl. Physiol**. 1974, 36:711-714.

9- HAMER, P.W.; MORTON, A. R. Water-Running: training effects and specifity of aerobic-anaerobic and muscular parameters following an eight-week interval training programme. **Australian J. of Science and Med. In Sport**. 1990, 22(1): 13-22.

10- BLOMQVIST, C.G. Cardiovascular adaptation to weight lessness. **Med. Sci. Sports**. 1983, 15: 428-431.

11- GREEN, J.H.; CABLE, N.T.; ELMS, N. Heart rate and oxygen consumption during walking on land and deep water. **J. of Sports Med. And Physical Fitness**. 1990, 3: 49-52.

12- RITCHIE, S.E, HOPKINS, W.G. The intensity of exercise in deep-water running. **Intl. J. Sports Med**. 1991, 12:27-29.

13- KRUEL, L. F. M. Peso hidrostático e freqüência cardíaca em pessoas submetidas a diferentes profundidades de água. **Dissertação de Mestrado, Universidade Federal de Santa Maria – RS**, 1994.

14- LANGE, L.; LANGE.; S, ECHT, M.; GAUER, O. H. Heart volume in relation to body posture and immersion in a thermo-neutral bath. **Pflugers Arch**. 1974, 353:219-226.

15- LIN, Y.C. Circulatory findings during immersion and breath-hold dives in human. **Undersea Biomed. Res**. 1984, 11: 123-138.

16- SHELDAHL, L.M. Special ergometric techniques and weight reduction. **Med. Sci. Sports Exerc**. 1985, 18:25-30.

17- RISCH, W.D.; KOUBENEC, H.F.; BECMANN, U. The effect of graded immersion on heart volume, central venous pressure pulmonary blood distribution, and heart rate in man. **Pflugers Arch**. 1978, 374:115-118.

18- ASTRAND, P. O, ENGSTRON, L.; ERIKSSON, B. O.; LARLBERG, P.; NYLANDER, I.; SALTIN, B.; THOREN, D. Girl swimmers – with special reference to respiratory and circulatory adaptation and gynaecological and psychiatric aspects. **Acta. Pediat. Suppl**. 1963, 147: 43-63.

19- HOLMER, L.; STEIN, E. M.; SALTIN, B.; ASTRAND, P. O. Hemodynamic and respiratory responses compared in swimming and running. **J. Appl. Physiol**. 1974, 37: 49-54.

20- PEYRÉ-TARTARUGA, L.A.; KRUEL, L. F. M. Corrida em piscina funda: limites e possibilidades para o alto desempenho. **Revista Brasileira de Medicina do Esporte**, 2006. V12(5): 286-290.

Capítulo 7

Periodização do Treinamento

A periodização é muito antiga, já existindo desde as primeiras olimpíadas na Grécia. Podemos caracterizá-la, como um processo contínuo, sistemático e científico, permitindo que os preparadores físicos obtenham uma melhor performance de seus atletas, por um período de tempo determinado[1].

O programa de treinamento (periodização) é um reflexo do conhecimento metodológico e científico de todas as áreas da Educação Física, impostas ao atleta pelo preparador físico[2], eliminando toda e qualquer aleatoriedade sobre o treinamento, permitindo uma estrutura direcionada e com objetivos sólidos. A periodização baseia-se nos resultados dos testes ou competições e do calendário das provas, para o planejamento da performance do atleta ao longo da temporada[3]. O programa deve ser simples e flexível, para que ajustes possam ser realizados ao longo do treinamento[1].

Durante o planejamento do programa de treinamento, destaque as necessidades dos atletas, e a importância do volume e da intensidade para cada valência física[4]. Nos testes periódicos e nas competições avalie cada valência física independentemente e compare com os níveis e com os objetivos, para a fase de treinamento onde o atleta se encontra[5]. Esse processo vai permitir que o preparador físico possa observar as áreas em que o atleta ganhou, perdeu ou não obteve diferenças em seu rendimento, permitindo estabelecer parâmetros quanto aos pontos fracos e fortes do treinamento[6]. Com isso o preparador físico é capaz de ajustar o programa de acordo com as prioridades de seu atleta.

Estrutura do treinamento

A estrutura do treinamento divide-se[2]: sessão de treinamento, unidade de treinamento, microciclo, mesociclo e macrociclo. Um dos objetivos da estrutura do treinamento é a otimização dos resultados, minimização dos riscos de lesões e de sobrecarga.

1) Sessão de treinamento – Caracteriza-se por apresentar uma série de estímulos de curta ou longa duração, sendo a forma de aplicação da carga de trabalho (volume e intensidade)[2].

2) Unidade de treinamento – Caracteriza-se por adequar a estrutura da sessão de treinamento com o ritmo biológico do atleta, de forma que venha otimizar a adaptação e com isso aumentar a capacidade de trabalho[2]. É conhecida popularmente como dia de treinamento.

3) Microciclo – Caracteriza-se por combinar fase de estímulo e fase de recuperação, criando condições para que o organismo se adapte ao estímulo e aumente a capacidade de trabalho[2].

O microciclo é a ferramenta mais importante e funcional da periodização, pois sua estrutura determina a qualidade do processo de treinamento[1]. O microciclo pode ter de quatro a dez dias de treinamento, mas devido às influências sociais o microciclo tem aproximadamente uma duração de sete dias[7].

A característica do microciclo deve ser dinâmica e vai depender do período de treinamento e da prioridade dos fatores de treinamento (elementos técnicos ou físicos).

Sobre os vários fatores que devemos levar em consideração durante a montagem de um microciclo, temos[1]:

– Objetivos do microciclo.
– Número de sessões, volume, intensidade e nível técnico e tático do treinamento.
– Alternância entre as cargas altas e baixas de intensidade.
– Antes de uma competição, utilize um microciclo com apenas um pico de carga, que ocorrerá de três a cinco dias antes da competição.
– Determine quantas sessões de treinamento em cada unidade de treinamento, como suas cargas de volume e intensidade.

Tipos de Microciclo[7]:

Microciclo de incorporação: Caracteriza-se por fazer a transição do atleta de um período de férias para um período de treinamento com estímulos não muitos fortes (Figura 7.1).

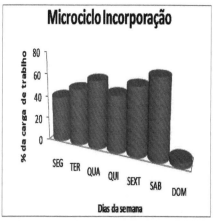

Figura 7.1: Microciclo de incorporação.

Microciclo ordinário: Caracteriza-se por apresentar estímulos com cargas moderadas e homogêneas nos três primeiros dias, com objetivo de aumentar o condicionamento ou apenas mantê-lo pelo efeito sucessivo das cargas de trabalho (Figura 7.2).

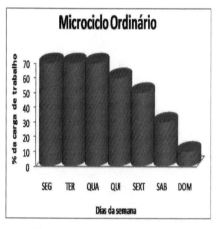

Figura 7.2: Microciclo ordinário.

Microciclo de choque: Caracteriza-se pela aplicação de cargas próximas da máxima, cargas máximas e supra máximas. A sobrecarga imposta neste microciclo constitui o fator de maior influência sobre a adaptação do organismo[8]. Por isso a aplicação deste microciclo deve vir sempre acompanhada de um microciclo de recuperação para não sobrecarregar o organismo do atleta.

Outra característica deste microciclo são suas duas estruturas, onde uma é mais utilizada na fase de preparação (Figura 7.3) e sua outra estrutura é mais utilizada na fase de competição (Figura 7.4)[7].

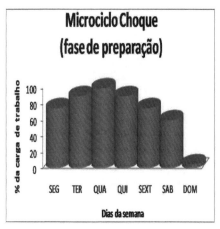

Figura 7.3: Microciclo de choque (Fase de preparação).

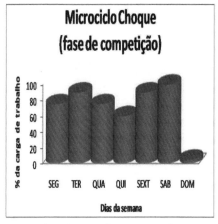

Figura 7.4: Microciclo de choque (Fase de competição).

Microciclo recuperativo: Caracteriza-se por apresentar uma sobrecarga reduzida e um número de dias de recuperação maior. Possibilita ao atleta a recuperação orgânica para uma nova fase de estímulos (Figura 7.5).

Figura 7.5: Microciclo recuperativo.

Microciclo pré-competitivo e competitivo: Estes microciclos procuram adequar o atleta às condições específicas da prova ou das provas, por isso não têm uma estrutura predeterminada e sim será elaborado de acordo com as características determinantes do atleta e da prova. Como sugestão (Figuras 7.6 e 7.7).

Figura 7.6: Microciclo pré-competitivo.

123

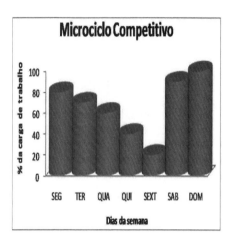

Figura 7.7: Microciclo Competitivo.

4) Mesociclo – Determina a característica do período de treinamento, possibilitando a harmonização da carga de trabalho. Sua duração varia de três a seis semanas. Os mesociclos permitem uma melhor definição dos objetivos e uma oscilação adequada da carga de trabalho, possibilitando ao organismo uma adequação das cargas de trabalhos impostas em cada microciclo[8].

Os mesociclos bem estruturados permitem ao indivíduo uma adaptação orgânica adequada durante o treinamento. Essa adaptação é extremamente importante no desporto de alto rendimento, pois a variação da carga de trabalho é reduzida nos microciclos e o resultado é obtido através das cargas acumuladas durante o mesociclo[7].

Os mesociclos podem ser caracterizados pela predominância da carga de trabalho (volume ou intensidade), pela qualidade física determinada ou pelo treinamento técnico e ou tático.

Para que o atleta tenha uma perfeita progressão do seu condicionamento durante o período de treinamento é necessário que o preparador físico respeite a reação do organismo, onde podemos dividi-la em três fases (Figura 7.8): (1ª) fase de reação ativa, ocorre do 1° ao 10° dia de treinamento, (2ª) fase de reação estabilizadora, ocorre do 11° ao 20° dia de treinamento e a (3ª) fase de reação residual, ocorre do 21° ao 30° dia de treinamento. Assim, para que possamos ter uma otimização durante a aplicação das cargas de trabalhos durante o mesociclo, devemos escolher os microciclos que se encaixe nas fases reativas do organismo.

Durante a fase ativa, aplica-se microciclos de incorporação ou ordinário, com o objetivo de se evitar um decréscimo do condicionamento; na fase de estabilização, aplica-se o microciclo de choque, para impor um aumento do condicionamento e na fase residual aplica-se um microciclo de recuperação com o objetivo de permitir que o organismo possa sofrer a recuperação total e estar pronto para um próximo período de estímulos.

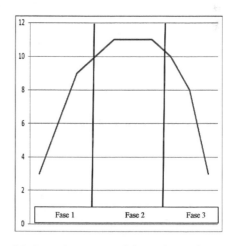

Figura 7.8: Fases da reação orgânica ao longo do mesociclo.

5) Macrociclo – Caracteriza-se pelo planejamento do treinamento em uma linha temporal predeterminada, proporcionando respostas no organismo gerando com isso uma transição do organismo para estágios superiores e aumento da capacidade de trabalho[2]. Existem dois tipos de macrociclo[7], o tradicional e o de meeting.

Macrociclo tradicional – Caracteriza-se por dar maior prioridade ao treinamento que a competição, utilizado no início da carreira atlética e em anos de campeonatos mundiais ou olimpíadas.

Macrociclo meeting – Caracteriza-se em dar prioridade às competições do que propriamente ao treinamento, permite que o atleta obtenha um número maior de peaks ao ano.

Os macrociclos são divididos em três fases (preparação, performance e transição) para uma perfeita estruturação do plano de treinamento, objetivando uma melhor performance.

Fase de preparação – Nesta fase os atletas são levados ao aumento da capacidade motora, até o ponto máximo. Divide-se a fase de preparação em duas etapas: (1) preparação básica e (2) preparação específica.

Fase básica – Nesta fase predomina o volume de treinamento, onde o atleta tem aumento do condicionamento, força, coordenação dos movimentos e aperfeiçoamento da técnica de corrida.

Fase específica – Nesta fase a intensidade do treinamento aumenta, e o treinamento vai sendo direcionado para a prova escolhida. A preparação para o percurso da prova é importante, não se esqueça que é aqui neste período onde elas ocorrem (subidas e descidas), a preparação para as altas e baixas temperaturas também acontece aqui o que nós chamamos de aclimatação.

Fase de performance – É nesta fase que os atletas realizam as competições, onde se encontram no ponto máximo de seu condicionamento, denominado de *Peak*.

Fase de transição – O objetivo desta fase é a recuperação dos atletas, normalmente sua duração gira em torno de 30 dias. Embora seja vulgarmente conhecida como férias, não há interrupção do treinamento e sim uma quebra no ritmo (diminuição da carga de trabalho) e estímulos diferenciados ao que os atletas eram submetidos[8].

Performance

O instrumento para a obtenção da performance almejada, é a aplicação do princípio oscilatório da carga de treinamento (volume e intensidade). Uma perfeita periodização permite o atleta chegar ao *peak* próximo à data da competição [9,10], utilizando-se para isso a correta utilização dos princípios científicos do treinamento e do conhecimento sobre a fisiologia do exercício.

Modelos práticos de periodização

Nossa proposta aqui é ilustrar e não apresentar modelos definitivos de periodização. As planilhas são expressas por microciclos de uma semana, para competições de 5, 10, 15, 21 e 42 km. Os macrociclos de meeting de 16 semanas (4 meses), estruturados de maneira adequada e respeitando os princípios do treinamento, possibilitam uma adaptação orgânica do atleta, perfeita para provas de até 21 km. Já para as provas acima desta distância como a maratona (42 km), aconselha-se a realização de macrociclo com pelo menos 24 semanas (6 meses) para que o organismo possa sofrer a adaptação orgânica adequada para o tipo de prova.

Lembrando que os macrociclos de meeting devem ser aplicados nos atletas que já fizeram pelo menos um macrociclo tradicional (1 ano).

Siglas utilizadas nas planilhas de treinamento

Caminhada – CA.

Corrida – CO.

Treinamento intervalado para condicionamento – TIC (CA x CO = tempo total em minutos).

Exemplo: TIC (3 x 1 = 40 min), três minutos de caminhada por um minuto de corrida, totalizando 40 minutos de exercício.

Treinamento Fartleck ou contínuo variável – TF.

Treino Longo – TL.

Treino de Estabilidade – TE.

Treino Regenerativo – TR.

Treino Intervalado – TI.

Treino de Velocidade – TV.

Treino de Ritmo – TRT.

Trabalho técnico Anfersen – TTA.

Trabalho técnico Dribling – TTD.

Trabalho técnico Skipping – TTS.

Trabalho técnico Hopserlauf – TTH.

Treinamento complementar Força – TCF (MMSS ou MMII).

MMSS – Membros superiores.

MMII – Membros inferiores.

Treinamento Complementar Indoor (esteira) – TCI.

Treinamento complementar corrida aquática – TCCA.

Treinamento complementar alongamento – TCA.

Trabalho de recuperação ativa (caminhando ou corrida de baixa velocidade em minutos ou segundos) – TRA.

Exemplo: TRA3m, trabalho de recuperação ativa por 3 minutos ou TRA45s, trabalho de recuperação ativa por 45 segundos.

Trabalho de recuperação passiva (parado em pé em minutos) – TRP

Distância de prova e ritmo de prova - DPRP

Dia de descanso – OFF.

Programa de treinamento de 5 km para iniciantes

Este planejamento destina-se a indivíduos que não têm uma prática regular de exercícios físicos (corrida) e pretende aumentar o condicionamento, aprender a correr e terminar uma prova de 5 km.

Aquecimento da 1ª a 3ª semanas – 10 minutos de trabalho técnico (TTA e TTS).

Aquecimento da 4ª a 8ª semanas – 15 minutos de trabalho técnico (TTA, TTS e TTD).

Aquecimento da 9ª a 12ª semanas – 15 a 20 minutos de trabalho técnico (TTA, TTS, TTD e TTH).

Dia Semana	Segunda	Terça	Quarta	Quinta	Sexta	Sábado	Domingo
1°	(CA 3 km)	OFF	TIC (4X1=25)	OFF	(CA 4 km)	OFF	(CA 5 km)
2°	OFF	TIC (3X1=24)	OFF	TIC (3X1=24)	OFF	(CA 5km)	(TF 5 km)
3°	OFF	(TF 5 km)	OFF	TIC (4X1=30)	OFF	(CA 5km)	(TF 5 km)
4°	OFF	(CA 6km)	OFF	TIC (4X1=30)	OFF	TIC (4X1=30)	(CO 3 km)
5°	OFF	(CA 6 km)	TIC (2X3=25)	OFF	TIC (2X3=25)	(CA 4 km)	(CO 3 km)
6°	OFF	TIC (1X3=28)	(TF 3 km)	TIC (1X3=28)	(TF 3 km)	TR	(CO 4,5 km)
7°	OFF	(CA 7 km)	(CO 3 km)	(TF 5 km)	(CA 7 km)	TI (10X200/TRA2m)	(TF 5 km)
8°	OFF	(CA 5 km)	(CO 5 km)	(CA 5 km)	(TF 5 km)	TI (10X200/TRA2m)	(TF 5 km)
9°	OFF	TE	TR	TRT	TR	TI (10X200/TRA2m)	(TF 6 km)
10°	OFF	TE	TI (10X200/TRA2m)	TR	TL	TR	TRT
11°	OFF	TE	TE	TR	TL	TR	TRT
12°	OFF	TE	TE	TR	TL	TR	PROVA 5 Km

Após as sessões fazer alongamento para todo o corpo, com ênfase nos músculos dos MMII.

Programa de treinamento para 10, 15 e 21 km para indivíduos intermediários e avançados.

Este planejamento destina-se a indivíduos que já praticam a corrida, que já têm o domínio da técnica de correr e buscam melhores resultados nas provas de 10, 15 e 21 km, em outras palavras são aqueles indivíduos que querem correr mais e melhor.

Aquecimento – 15 a 20 minutos de trabalho técnico (TTA, TTS, TTD e TTH).

Exercícios de fortalecimento para MMII.

Exercícios abdominais.

Após a sessão de treinamento: alongamento com ênfase nos MMII e aplicação de gelo nos joelhos, tornozelos e tendão de Aquiles nos dias de Treinos TRT, TL e TI.

As sessões de DPRP são importantes para nos orientar quanto ao ritmo de trabalho (velocidade), devemos impor para que o organismo possa sofrer as adaptações orgânicas necessárias em cada mesociclo.

O volume das sessões de treinamento intervalado (TI), são calculados com base na distância das provas. Aconselha-se a não ultrapassar uma distância superior entre 30 e 40% da distância da prova, ou seja numa prova de 10 km, o volume total do TI ficará entre 3 km e 4 km por sessão.

Dia Semana	Segunda	Terça	Quarta	Quinta	Sexta	Sábado	Domingo
1°	DPRP	TR	TE	TE	TR	TRT	TL
2°	OFF	TL	TE	TE	TR	TRT	TL
3°	OFF	TL	TE	TE	TR	TRT	TL
4°	OFF	TL	TE	TE	TR	TRT	DPRP
5°	OFF	TE	TI (10X 100TRA2m)	TR	TE	TRT	TL
6°	OFF	TI (10x 100TRA2m)	TE	TE	TR	TRT	TL
7°	OFF	TI (10x 100TRA2m)	TR	TI (10x 100TRA2m)	TE	TRT	TL
8°	OFF	TL	TR	TE	TR	TRT	DPRP
9°	OFF	TI (10x 200TRA2m)	TE	TI (10x 200TRA2m)	TR	TRT	TL
10°	OFF	TI (10x 200TRA2m)	TE	TI (10x 200TRA2m)	TR	TRT	TL
11°	OFF	TI (5x 400TRA2m)	TE	TI (5x 400TRA2m)	TE	TR	TRT
12°	OFF	TL	TE	TI (5x 400TRA2m)	TE	TR	DPRP
13°	OFF	TL	TE	TI (4x 800TRA2m)	TE	TR	TRT
14°	OFF	TL	TE	TI (4x 800TRA2m)	TE	TR	TRT
15°	OFF	TL	TE	TI(4x 1000TRA2m)	TE	TR	TRT
16°	OFF	TL	TE	TI (4x 1000TRA2m)	TE	TR	Prova

Programa de treinamento para 42 km

Este planejamento destina-se a indivíduos que já são corredores experientes.

Aquecimento – 15 a 20 minutos de trabalho técnico (TTA, TTS, TTD e TTH).

Exercícios de fortalecimento para MMII.

Exercícios abdominais.

Após a sessão de treinamento: alongamento com ênfase nos MMII e aplicação de gelo nos joelhos, tornozelos e tendão de Aquiles nos dias de Treinos TRT, TL e TI.

Semana / Dia	Segunda	Terça	Quarta	Quinta	Sexta	Sábado	Domingo
1°	DPRP	OFF	TE + TCF	TRT	TE+ TCF	TR	TL
2°	OFF	TE + TCF	TE	TE+ TCF	TRT	TR	TL
3°	OFF	TE + TCF	TE	TE+ TCF	TRT	TR	TL
4°	OFF	TE + TCF	TE	TE+ TCF	TRT	TR	TL
5°	OFF	TE	TE	TI	TE	TR	TL
6°	OFF	TE	TE	TE	TRT	TR	DPRP
7°	OFF	TR	TE	TE	TRT	TR	TL
8°	OFF	TE	TE	TE	TRT	TR	TL
9°	OFF	TE	TE	TE	TRT	TR	TL
10°	OFF	TI	TE	TE	TRT	TR	TL
11°	OFF	TI	TE	TE	TRT	TR	TL
12°	OFF	TI	TE	TE	TRT	TR	DPRP

Este programa foi dividido em duas partes, para marcar bem a passagem do período de preparação da fase base para a específica, esta transição fica marcada pelo aumento da intensidade nas sessões de treinamento e pela intensificação do TI.

Semana / Dia	Segunda	Terça	Quarta	Quinta	Sexta	Sábado	Domingo
13°	OFF	TI	TR	TRT	TE	TE	TL
14°	OFF	TI	TR	TRT	TE	TE	TL
15°	OFF	TI	TE	TRT	TR	TE	TL
16°	OFF	TI	TE	TRT	TR	TE	DPRP
17°	OFF	TI	TE	TI	TR	TE	TL
18°	OFF	TI	TE	TI	TR	TE	TL
19°	OFF	TI	TE	TRT	TR	TE	TL
20°	OFF	TI	TE	TRT	TR	TE	DPRP
21°	OFF	TI	TE	TI	TR	TE	TL
22°	OFF	TI	TE	TRT	TR	TE	TL
23°	OFF	TI	TE	TRT	TR	TE	TL
24°	OFF	TI	TE	TRT	TE	TR	PROVA

Referências Bibliográficas

1- BOMPA, T. O. **Periodização: teoria e metodologia do treinamento**. 4ª edição. Phorte editora. São Paulo, 2002.

2- VERKHOSHANSKY, Y.V. Problemas atuais da metodologia do treino desportivo. **Revista treinamento desportivo**, 1996, 1(1): 33-45.

3- WEINECK. J. **Treinamento ideal**. 9ª edição. Ed. Manole. São Paulo, 1999.

4- BRANDÃO, M.R.F; FIGUEIRA JÚNIOR, A. J. Performance esportiva uma análise multidimensional. **Revista treinamento desportivo**, 1996, 1(1): 58-72.

5- MOREIRA, A; OLIVEIRA, P.R; OKANO, H.A; SOUZA, M. A dinâmica de alteração das medidas de força e o efeito posterior duradouro de treinamento em basquetebolistas submetidos ao sistema de treinamento em bloco. **Revista Brasileira Medicina do Esporte**, 2004, 10(4):243-250.

6- AMORIM, P.E.S. Fisiologia do exercício: considerações sobre o controle do treinamento aeróbico. **Revista Mineira Educação Física**, 2002, 10(1): 50-61.

7- DANTAS, H. M. **A prática da preparação física**. 5ª edição. Ed. Shape. Rio de Janeiro, 2003.

8- ZAKHAROV, A . **Ciência do treinamento desportivo**. Grupo Palestra. Rio de Janeiro, 1992.

9- SEQUEIROS, J.L.S; OLIVEIRA, A. L. B; CASTA-NHEDE, D; DANTAS, E.H.M. Estudo sobre a fundamentação do modelo de periodização de Tudor Bompa do treinamento desportivo. **Fitness & Performance Journal**, 2005, 4(6): 341-347.

10- OLIVEIRA, A; SEQUEIROS, J.L.S; DANTAS, E.H.M. Estudo comparativo entre o modelo de periodização clássica de Matveev e o modelo de periodização por blocos de Verkhoshansky, **Fitness & Performance Journal**, 2005, 4(6): 358-362.

Capítulo 8

Gasto Energético

Cada ser humano necessita de um nível de energia para desempenhar as funções vitais. Essa demanda de energia é denominada de taxa metabólica basal (TMB) sendo responsável pela maior parte do gasto energético nos humanos, mas a dificuldade de reproduzir condições ideais fez com que alguns pesquisadores adotassem a taxa metabólica de repouso (TMR), que requer apenas um intervalo de 4 horas após uma refeição e um tempo de, 30 a 60 minutos para realização da medida[1,2], ambas podem ser mensuradas pela calorimetria direta[3,4]. Quando o organismo realiza qualquer trabalho ele tem um gasto de energia, causando produção de calor pelas células. Essa produção de calor que é diretamente proporcional à taxa metabólica, é resultado da respiração celular. A unidade de medida mais utilizada para expressar energia térmica é a caloria (cal), que é definida como quantidade de calor necessária para elevar a temperatura de um grama de água em um grau Celsius[5,6].

Cálculo do gasto energético

O cálculo do gasto energético de um indivíduo em repouso ou em exercício possui muitas aplicações práticas. Uma delas está relacionada com os programas de emagrecimento, onde se utiliza o exercício como ferramenta para controlar o gasto energético. Para isso é necessário saber o gasto energético de repouso[7,8].

Gasto energético de repouso (GER):

1º passo: Determinar a superfície corporal (SC)

$$SC = 0,007184 \times Est^{0,725} \times MC^{0,425}$$

Onde:
Est = Estatura em cm
MC = Massa corporal em kg

2º passo: Determinar o coeficiente calórico. O coeficiente calórico é determinado através do sexo e da idade (Tabela 8.1)

Tabela 8.1- Coeficiente calórico

Faixa etária (anos)	Homens	Mulheres
15-16	46	43
17-18	43	40
19-20	41	38
21-40	39,5	37
41-50	38,5	36
51-60	37,5	35
61-70	36,5	34

3º passo: GER = SC x Coeficiente calórico x 24 h

Exemplo: Indivíduo do sexo feminino, 30 anos, massa corporal 70 kg, Estatura 180 cm.
SC = 1,89
Coeficiente calórico = 37 kcal/h/SC
Tempo = 24 h
GER = 1,89 x 37 x 24
GER = 1678 kcal

Calorimetria direta

A calorimetria direta calcula o gasto energético através de uma câmara calorimétrica, que mede o calor liberado pelo corpo através do aquecimento da água contida nas paredes da câmara[3,4,9].

Calorimetria indireta

O alto custo operacional induziu diversos pesquisadores a desenvolverem a calorimetria indireta, onde prediz o gasto energético pelo consumo de oxigênio medido diretamente por um analisador de gases respiratórios (AGR)[2,3]. Quanto maior a taxa de O_2 consumido no organismo maior será a quantidade de calor produzido, mas para converter a quantidade de O_2 consumido em *cal* é necessário conhecer o tipo de substrato[6,8].

Quando a gordura é o único substrato metabolizado são liberados 4,7 kcal (kcal = cal x 1000) por litro de O_2 consumido por minuto, e quando são utilizados os carboidratos são liberados 5,05 kcal por litro de O_2 consumido por minuto. Freqüentemente o gasto energético é estimado em 5 kcal por litro de O_2 por minuto[7,8].

Exemplo: Um indivíduo que durante 20 minutos de exercício físico teve um consumo de 68 litros de O_2.
Para saber quantas kcal ele consumiu em média por minuto.

1º passo: kcal total do exercício físico = O_2 consumido x 5
kcal total do exercício físico = 340
2º passo: kcal/min = kcal total do exercício físico / tempo de exercício

kcal/min = 340 / 20

kcal/min = 17

Resultado: o exercício físico teve um gasto médio de 17 kcal por minuto.

Calorimetria duplamente indireta

Outro método utilizado para o cálculo do gasto energético é o duplamente indireto, onde utiliza-se da FC obtida durante o exercício para predizer o gasto energético. O modelo fisiológico baseia-se na linearidade entre FC x $\dot{V}O_2$ máximo (Tabela 8.2) durante o exercício. Essa relação pode variar de indivíduo para indivíduo[10]. Com isso torna-se imprescindível a determinação da FC máxima através de um teste de esforço. O uso da FC para obtenção do gasto energético exige a utilização de equipamentos que a monitorem. Os equipamentos mais utilizados são: acumuladores de batimentos cardíacos, que utilizam a média da FC durante o período de monitoramento e os registradores contínuos da FC, onde amostram e armazenam a FC em intervalos de 0,2 Hz, 0,6 Hz e 1 Hz, respectivamente 5, 15 e 60 segundos. Onde seqüencialmente os dados são transferidos para um computador e analisados por um software®[10].

Este método possui limitações, pois a FC pode ser influenciada por vários fatores como a temperatura ambiente, estresse emocional, postura corporal e massa muscular envolvida[11,12,13,14].

Tabela 8.2 – Relação de linearidade entre FC e $\dot{V}O_2$ máximo (valores em percentuais)

% FC	% $\dot{V}O_2$ máxim
100	100
90	83
80	70
70	56
60	42
50	28

(Fernandes Filho, 2003)

Exemplo: Um indivíduo de 25 anos de idade, com 72 kg, 175 cm, com FC máxima de 198 bpm e $\dot{V}O_2$ máximo de 3,2 l/min^{-1}. Realizou 30 minutos de exercício físico a uma intensidade de 80% da FC máxima. Quantas kcal por minuto em média ele gasta para realizar esta atividade física.

1° passo: baseado na tabela 8.2, correlacionar o valor de $\dot{V}O_2$ máximo com o valor da FC trabalhada durante o exercício.

80% da FC máxima = 70% do $\dot{V}O_2$ máximo

2° passo: determinar 70% do valor do $\dot{V}O_2$ máximo do indivíduo (3,2 l/min^{-1}).
70% de 3,2 = 2,24 l/min^{-1}

3° passo: multiplicar o valor referente a 70% do $\dot{V}O_2$ máximo pelo tempo que o indivíduo realizou o exercício nesta intensidade.
2,24 x 30 = 67,2 l/min^{-1}

4º passo: após determinado o consumo total de O_2, multiplica-se o valor encontrado por cinco para saber quantas kcal foram gastas durante todo exercício.
67, 2 x 5 = 336 kcal

5º passo: para saber quantas kcal foram gastas por minuto basta dividir o valor total das kcal do exercício pelo tempo que o mesmo foi realizado nesta intensidade.
336 / 30 = 11,2 kcal/min

Referências Bibliográficas

1- MARGARIA, R. *et al.* Energy costa of running. **Journal of Applied Physiology,** 1963;18:367-70.

2- WHIPP, B; WASSERMAN, K. Efficiency of muscular work. **Journal of Applied Physiology,** 1969;26:644-48.

3- BROOKS, G.A *et al.* Estimation of anaerobic energy production and efficiency in rats during exercise. **Journal of Applied Physiology,** 1984;56:520.

4- SHARP, T. A; REED, G.W; SUN, M; ABUMRAD, N.N; HILL, J. O. Relationship between aerobic fitness level and daily energy expenditure in weight stable humans. **American Journal of Physiology,** 1992; 263: e 121-28.

5- WILMORE, J. H. *et al.* An automated system for assessing metabolic and respiratory function during exercise. **Journal of Applied Physiology,** 1976; 40:619.

6- LIVESEY, G; ELIA. M. Estimation of energy expenditure, net carbohydrate utilization and net fat oxidation and synthesis by indirect calorimetry: evaluation of errors with special reference to detailed composition of fuels. **Am. J. Clin. Nutr,** 1998; 47:608.

7- RUMPLER, W. *et al.* Repeatability of 24-hour energy expenditure measurements in humans by indirect calorimetry. **Am. J. Clin. Nutr,** 1990; 51:47.

8- REED, G. W; HILL,J.O. Measuring the thermic effect of food. **Am. J. Clin. Nutr,** 1996; 63:164-69.

9- CHASE, P.B.; KUSHMERICK, M. J. Effects of pH on contration of rabbit fast and slow skeletal muscle fibers. **Biophsical Journal.** V.53, pp. 935-46,1988.

10- MACHADO, A. F. **Desenvolvimento e validação de um modelo matemático para predição do VO$_2$ máximo baseado no comportamento da freqüência cardíaca.** 145 f. Dissertação de Mestrado (Programa de *strictu-sensu* em Ciência da Motricidade Humana) – Universidade Castelo Branco, Rio de Janeiro, Brasil, 2005.

11- KARLSSON, J; BONDE-PETERSEN, F.; HENRIKSSON, J.; KNUTTGEN, H. G. Effects of previous exercises with arms or legs on metabolism and performance in exhaustive exercise. **J. Appl. Physiol**, v.38, pp.763-767, 1975.

12- LAFORGIA, J *et alii.* Comparison of energy expenditure elevations after submaximal and supramaximal running. **J. Appl. Physiol,** 1997, 82(2): 661-667.

13- MARGARIA, R.; CERRETELL, P.; AGHEMO, P.; SASSI, G. The effects of running speed on the metabolic and mechanical. **J. Appl. Physiol,** 1963, 18: 367-70.

14- PEREIRA, M. A.; FREEDSON, P. S.; MALISZEWSKI, A. F. Intraindividual variation during inclined steady-rate treadmil running. **Res-Q-Exerc. Sport,** 1996, 65(2): 184-8.